Psychologische Verkaufskunst

Der Anwalt, Kaufmann, Verleger und Autor, sowie Pionier der New Thought Bewegung William Walker Atkinson schrieb schätzungsweise 100 Bücher, alle in den letzten 30 Jahren seines Lebens. Er wurde in früheren Ausgaben des Who's Who in America, in Religious Leaders of America und in mehreren ähnlichen Publikationen erwähnt. Seine Werke sind mehr oder weniger kontinuierlich im Druck geblieben und immer noch Bestseller.

WILLIAM WALKER ATKINSON

# Psychologische Verkaufskunst

## Denk- und Handlungsweisen, Vorgangsweise und Abschluss

Aus dem Englischen übertragen und
herausgegeben von
Klaus-Dieter Sedlacek

Marketing und Vertrieb Bd. 1

Bibliografische Information der Deutschen Nationalbibliothek:
Die Deutsche Nationalbibliothek verzeichnet diese Publikation in der
Deutschen Nationalbibliografie; detaillierte bibliografische Daten
sind im Internet über dnb.dnb.de abrufbar

Übersetzung, Coverdesign, Satz in moderner Antiqua-Schrift:
Klaus-Dieter Sedlacek
https://toppbook.de

© 2020 Klaus-Dieter Sedlacek
Herstellung und Verlag: BoD – Books on Demand, Norderstedt
ISBN: 978-3-7504-5265-7

# Inhaltsverzeichnis

KAPITEL I WIRTSCHAFTSPSYCHOLOGIE.............................................7

KAPITEL II DIE GEISTIGE HALTUNG DES VERKÄUFERS..............17

KAPITEL III DIE GEISTIGE HALTUNG DES VERKÄUFERS
(FORTSETZUNG)........................................................................27

KAPITEL IV DIE MENTALITÄT DES KÄUFERS............................39

KAPITEL V DIE MENTALITÄT DES KÄUFERS (FORTSETZUNG)....50

KAPITEL VI DIE VORGANGSWEISE.........................................62

KAPITEL VII DIE PSYCHOLOGIE DES KAUFS.................................74

KAPITEL VIII DIE ANNÄHERUNG............................................90

KAPITEL IX DIE DEMONSTRATION.......................................104

KAPITEL X DER ABSCHLUSS................................................119

# KAPITEL I WIRTSCHAFTSPSYCHOLOGIE

Psychologie war ein Fach, das im Klassenzimmer sehr beliebt war oder von dem man annahm, dass es irgendwie mit der Seele zu tun hatte oder möglicherweise mit den abnormalen Phänomenen, die allgemein als "psychisch" eingestuft wurden, zusammenhing. Der durchschnittliche Geschäftsmann war geneigt, sich ungeduldig über die Einführung von Themen aus dem Klassenzimmer oder Spekulationen über die Seele zu ärgern - denn dies waren die Dinge, die in seinem Konzept der "Psychologie" enthalten waren.

Aber eine Veränderung hat sich für den Mann im Geschäft ergeben. Er hat in den letzten Jahren viel über Psychologie in der Geschäftswelt gehört und etwas darüber gelesen. Er versteht nun, dass Psychologie "die Wissenschaft des Geistes" bedeutet und nicht dasselbe wie Metaphysik oder "Psychismus" ist. Er hat sich die Tatsache vor Augen geführt, dass die Psychologie eine wichtige Rolle in der Wirtschaft spielt und dass es sich lohnt, sich mit ihren grundlegenden Prinzipien vertraut zu machen. In der Tat wird er, wenn er ausreichend über das Thema nachgedacht hat, gesehen haben, dass der gesamte Prozess des Verkaufs von Waren, persönlich oder durch Werbung oder Auslage, im wesentlichen ein geistiger Prozess ist, der von dem Geisteszustand abhängt, der beim Käufer induziert wird, und dass diese Geisteszustände allein aufgrund bestimmter etablierter Prinzipien der Psychologie induziert werden. Ob der Verkäufer oder der Werber dies erkennt oder nicht, er setzt psychologische Prinzipien ein, um die *Aufmerksamkeit* zu erregen, das *Interesse* zu wecken, den *Wunsch* zu erzeugen und den *Willen* des Käufers seiner Waren zu bewegen.

Die besten Autoritäten auf dem Gebiet des Verkaufs und der Werbung kennen diese Tatsache und betonen sie in ihren Schriften. George French sagt in seiner "Kunst und Wissenschaft der Werbung" über die Psychologie in der Werbung: "Wir können also das seltsame Wort abtun und einfach anerkennen, dass wir einem Menschen Dinge leichter verkaufen können, wenn wir ihn kennen. Wir können nicht jeden Menschen persönlich kennen, an den wir Waren verkaufen wollen. Wir müssen daher überlegen, ob es nicht bestimmte *Denk- und Handlungsweisen* gibt, die allen Menschen oder einem großen

Teil der Menschen gemeinsam sind. Wenn wir die Gesetze entdecken können, die das Handeln des menschlichen Geistes regeln, werden wir wissen, wie wir an diese Männer appellieren können. Wir wissen, wie wir an Smith appellieren können, weil wir Smith kennen. Wir wissen, was Brown gefallen wird, weil wir Brown kennen. Wir wissen, wie wir uns bei Jones durchsetzen können, weil wir Jones kennen. Was der Werber wissen muss, ist, wie er an Smith, Brown und Jones herankommt, ohne einen von ihnen zu kennen. Während jeder Mensch seine persönlichen Eigenheiten hat und jeder Verstand seine eigene Methode hat, mit den Tatsachen des Lebens umzugehen, wird jeder Mensch und jeder Verstand in hohem Maße von Vorlieben und Verstandestätigkeiten kontrolliert, die vor seinem Leben entstanden sind und die getrennt von seiner Persönlichkeit wirken. Unser Verstand ist automatischer, mechanischer, als wir zugeben wollen. Das, was wir locker Verstand nennen, ist weitgehend der automatische Ausdruck von Tendenzen, die durch physische Bedingungen völlig unabhängig von bewussten intellektuellen oder sittlichen Motiven oder Qualitäten gesteuert werden. Was diese physischen Bedingungen sind und wie das Wissen darüber von den Werbetreibenden genutzt werden kann, bildet den Körper dieses neuen Wissens, das manche gerne als Psychologie bezeichnen, soweit es die Werbung betrifft". Herr French hat die Idee der wichtigen Rolle der Psychologie in der Wirtschaft gut ausgedrückt. Was er sagt, gilt natürlich für den persönlichen Verkauf ebenso wie für den Verkauf durch Werbung - in beiden Fällen sind die gleichen Prinzipien vorhanden und wirksam.

Um dem Leser die volle Idee der Funktionsweise der psychologischen Prinzipien beim Verkauf von Waren zu vermitteln, werden wir einige besondere Fälle erwähnen, in denen diese Prinzipien eine Rolle gespielt haben. Jeder Leser wird sich an viele ähnliche Fälle erinnern können, wenn er einmal auf die Sache aufmerksam gemacht wurde.

Prof. Halleck, eine bekannte Autorität auf dem Gebiet der Psychologie, sagt: "Geschäftsleute sagen, dass die Fähigkeit, die *Aufmerksamkeit zu gewinnen*, oft das Geheimnis des Erfolgs im Leben ist. Enorme Gehälter werden an Personen gezahlt, die Werbung schreiben können, die sicher ins Auge fällt. Ein Verleger sagte, dass er nur fünftausend Exemplare eines ausgezeichneten Werkes verkauft habe, nur weil es die Aufmerksamkeit vieler nicht erregt habe, und dass fünfundzwanzigtausend Exemplare in der gleichen Zeit hätten vertrieben werden können, wenn Agenten die Aufmerksamkeit der Leute auf sie gelenkt hätten. Apotheker sagen, dass jede Art von Patentmedizin verkauft werden kann, wenn sie so beworben wird, dass sie die Aufmerksamkeit auf zwingende Weise auf sich zieht. Das Geschäftsleben hat sich weitgehend in einen Kampf um die Aufmerksamkeit der Leute gewandelt."

Die gleiche hervorragende Autorität sagt, in Bezug auf die Wirkung der damit verbundenen Ideen: "Ein bedeutender Philosoph hat gesagt, dass der Mensch der Verknüpfung seiner Vorstellungen völlig ausgeliefert ist. Jeder neue Gegenstand wird im Licht der mit ihm verbundenen Vorstellungen gesehen. * * * Das Prinzip der Assoziation von Vorstellungen reicht aus, um den Wandel der Moden zu erklären. Eine Frau in einer südlichen Stadt hatte eine Haube, die sie besonders bewunderte, bis sie eines Tages drei Negerinnen sah, die genau das gleiche Muster trugen. Sie erschien nie wieder in dieser Haube. Wenn ein Kleidungsstil 'gewöhnlich' wird und von den unteren Schichten getragen wird, wird er von den modischen Menschen verworfen. Moden, die absolut abstoßend sind, werden oft übernommen, wenn sie von beliebten oder bekannten Personen eingeführt werden. * * * Das Wissen um die Kraft der Assoziation von Ideen ist in der Wirtschaft von größter Bedeutung. Ein Mann hat sein Geschäft so geplant, dass alle seine Assoziationen gefällig sind, von der Art und Weise der Angestellten bis hin zu den Einrichtungsgegenständen und dem Tuch. Ein anderer Laden weckt unangenehme Assoziationen. * * * Als die Negligé-Hüte zum ersten Mal auftauchten, schickte ein gewiefter Hutmacher einen gut gekleideten und beliebten Kollegen und bot ihm an, die besten Hüte im Laden auszusuchen, wenn er drei Tage lang einen Negligé-Hut tragen würde. Er lehnte es ab, eine solche Zurschaustellung von sich zu machen, bis er sich von der Wette des Hutmachers geschmeichelt fühlte, dass die Hüte auf diese Weise zur Mode für die ganze Stadt gemacht werden könnten. Als der Kollege zum ersten Mal mit dem Hut auf dem Campus auftrat, wurde er für seine Merkwürdigkeit verspottet. Am späten Nachmittag kamen einige seiner Freunde zu dem Schluss, dass der Hut so gut aussah, dass sie investieren würden. Am nächsten Tag kamen viele zum gleichen Schluss. Für einige Zeit danach hatte der Hutmacher Schwierigkeiten, einen ausreichenden Vorrat zu halten. Wäre ein unbeliebter oder schlecht gekleideter Mann mit diesem Hut zuerst auf dem Campus aufgetaucht, wäre das Ergebnis das Gegenteil gewesen. Der Hut wäre derselbe gewesen, aber die Assoziation der Ideen wäre anders gewesen. Einige der Modedamen in einer europäischen Großstadt wählten auf eigene Verantwortung, ohne die Hutmacher zu konsultieren, einen billigen Frühlingsmanilla-Hut aus, der sehr schön war. Die Hutmacherinnen fanden sich mit einem hochpreisigen Lager vor, für das es keine Nachfrage gab. Sie hielten einen Rat ab, kauften eine große Anzahl der billigen Hüte und setzten sie auf die Köpfe aller weiblichen Straßenkehrer und Aasfresser der Stadt. Als die Modedamen am nächsten Tag ausgingen, waren sie erstaunt, den Abschaum der Stadt in einer Kopfbedeckung wie der ihren zu sehen. Es dauerte nicht lange, bis das Ergebnis dem entsprach, was man hätte erwarten können."

In einem früheren Werk des Autors wurde die folgende Beschreibung über die Wirkung von psychologischer Suggestion in der Werbung verwendet:

Die Verwendung des "direkten Befehls", wie die Werbetreibenden es nennen, ist sehr verbreitet. Den Leuten wird in diesen Anzeigen eindeutig gesagt, dass sie bestimmte Dinge tun sollen. Sie sollen "heute Abend einen Kuchen von Hinky-dink's Soap mit nach Hause nehmen; Ihre Frau braucht ihn!" Und sie tun es. Oder sie sehen eine Riesen-Hand, die von einem Schild auf sie hinunter zeigt, und hören fast die entsprechende gewaltige Stimme, wie sie sagt (in aufgemalten) Worten: " Sei gegrüßt! Rauch Honey-Dope-Zigarren, die sind die besten aller Zeiten!!!" Und wenn Sie es schaffen, den Befehl beim ersten Mal abzulehnen, werden Sie wahrscheinlich auf den wiederholten Vorschlag hin nachgeben, dasselbe an jeder Ecke und an jedem hohen Zaun auf Sie gerichtet zu sehen, und "Honey-Dope" wird Ihre Lieblingsmarke sein, bis Sie ein anderer Vorschlag erwischt. Empfehlung durch Autorität und Wiederholung, bedenken Sie, das ist es, was das Geschäft für Sie bewirkt! In den Werbeschulen nennt man das den "Direktbefehl". Dann gibt es noch einige andere subtile Formen der Suggestion in der Werbung. Man sieht das Starren von jedem Fleckchen Fläche, auf Plakatwänden und in Zeitungen und Zeitschriften: "Der Kracher", oder so ähnlich. Und meistens lässt man sich darauf ein. Und dann wird einem immer wieder gesagt: "Babys heulen nach Oma Hankins Schnuller", und wenn man dann irgendein Baby heulen hört, denkt man an das, was einem gesagt wurde, und dann rennt man los und kauft eine Packung "Oma Hankin's". Dann wird Ihnen gesagt, dass irgendeine Zigarre "Großzügig Liberal" in Größe und Qualität ist; oder dass irgendeine Art von Kakao "Dankbar und Erfrischend" ist; oder dass irgendeine Seifenmarke "99,999% rein" ist; usw., usw. Erst letzte Nacht habe ich einen neuen "Irgendjemandes Whisky ist weich" gesehen, und jeder Trinker im Auto schmatzt mit den Lippen und denkt an das " weiche" Gefühl im Mund und in der Kehle. Es war weich - die Idee, nicht das Zeug, meine ich. Und ein anderer Whisky-Mann zeigt ein Bild von einem Glas, einer Flasche, etwas Eis und einer Seltersäule, mit einfach diesen Worten: "Oldboy's Highball - das ist alles!" All diese Dinge sind Suggestionen, und einige davon sind auch sehr kraftvoll, wenn sie dem Verstand ständig durch Wiederholung eingeprägt werden. * * * Ich kenne Händler für Frühlingswaren, die die Saison forcieren, indem sie ihre Fenster mit ihrem Vorrat an Vorräten füllen. Ich habe gesehen, wie Huthändler die Strohhut-Saison beginnen, indem sie selbst einen Strohhut aufsetzen, ihre Angestellten dito, und dann ein paar Freunde. Das Ausstreuen von " Stroh" gab der Öffentlichkeit eine Anregung, und die Strohhut-Saison wurde eröffnet.

Dr. Herbert A. Parkyn, eine Autorität für Suggestion, zeichnet das folgende Bild aus dem Leben eines Einzelhandelskaufmanns, der unter den Auswirkungen negativer psychologischer Einflüsse leidet, die aus seiner pessimistischen Geisteshaltung resultieren. Für die Richtigkeit von Dr. Parkyn's Bild kann der vorliegende Autor bürgen, denn er kennt das Original der Skizze. Dr. Parkyn sagt über den Ladenbesitzer:

"Er ist der Besitzer eines Geschäfts in einer Nachbarstadt; aber so ein Geschäft - das macht mich fast traurig, dass ich darauf eingehen muss! Seine Schaufenster sind Jahr für Jahr mit den gleichen alten Schildern ausgestattet, und es gibt nichts, was dem Laden das fröhliche Aussehen verleiht, das für ein modernes Geschäft so wichtig ist. Aber die Atmosphäre des Ortes passt nur zum Besitzer. Als er vor dreißig Jahren in das Geschäft einstieg, beschäftigte er acht Angestellte, aber sein Geschäft ist so lange heruntergekommen, bis er die ganze Arbeit selbst erledigt hat, und ist heute kaum noch in der Lage, Miete zu begleichen, obwohl die Konkurrenten um ihn herum ihr Geschäft von Jahr zu Jahr steigern. Als ich ihn das erste Mal traf, erzählte er mir in einem fünfzehnminütigen Gespräch all seine Sorgen, die zahlreich waren. Laut seiner Geschichte versuchten alle, ihn zu übervorteilen, seit er im Geschäft ist; seine Konkurrenten griffen zu unlauteren Geschäftsmethoden; sein Vermieter versuchte, ihn durch eine Erhöhung der Miete zu vertreiben; er konnte keinen ehrlichen Angestellten in seinem Geschäft finden; ein alter Mann hatte nicht die gleichen Chancen wie ein junger Mann; er konnte nicht verstehen, warum die Leute, die er so treu bedient hatte, so undankbar oder so wankelmütig waren, dass sie jedem Emporkömmling, der in der gleichen Branche wie er tätig war, ihre Unterstützung gaben; er meinte, er könne von morgens bis abends ohne Feiertag schuften, bis er ins Armenhaus getrieben würde oder starb, und obwohl er fünfzehn Jahre lang im gleichen Geschäft tätig war, gab es keinen einzigen Menschen, den er anrufen konnte, wenn er einen Freund brauchte, usw. Obwohl ich schon oft Gelegenheit hatte, ihn während der Geschäftszeiten zu besuchen, habe ich nie gehört, dass er eine heitere oder ermutigende Bemerkung an einen Kunden gerichtet hat. Auf der anderen Seite bediente er sie, nicht nur mit einem Hauch von Gleichgültigkeit, sondern anscheinend so, als ob er ihnen einen Gefallen täte, indem er ihnen erlaubte, in seinem Geschäft zu kaufen, während andere, die vorbeikamen, um ihn um Erlaubnis zu bitten, sein Telefon zu benutzen oder sich über die Anwohner in der Nachbarschaft zu erkundigen, durch seine Art und Weise und seine Antworten bald erkannten, dass er sie als lästig empfand und hoffte, sie hätten sein Geschäft nicht mit einem Informationsbüro verwechselt. Ich habe ihn absichtlich in andere Gesprächsthemen geführt, mit dem gleichen Ergebnis; alles ging vor die Hunde - die Stadt, das Land usw. Egal, worüber gesprochen wurde, seine Bemerkungen waren von Pessimismus durchtränkt. Er war bereit, alles und jeden für seinen Zustand zu beschuldigen, und als ich es wagte zu behaupten, dass ein großer Teil seiner Schwierigkeiten auf seine Einstellung zurückzuführen sei, war er bereit, mich zur Tür zu führen. * * * * Würde er nur für ein paar Wochen sein Brot auf das Wasser werfen, indem er hier und da ein Lächeln schenkte, oder ein fröhliches, ermutigendes Wort an diesen und jenen Kunden, dann würde er sich sicherlich besser fühlen für das Geben, und sie würden tausendfach zu ihm zurückkehren. Wenn er nur davon ausgehen würde, dass es ihm gut geht und seinem Geschäft einen Hauch von Wohlstand verleihen würde, um wie viel attraktiver könnte er seinen Laden gestalten und um wie viel einladender er für die Kunden sein würde! Würde er davon ausgehen, dass jeder, der sein Geschäft betritt, sein Gast ist, ob er nun einkauft oder nicht, würden die Menschen gerne in sein Geschäft zurückkehren, wenn sie etwas aus seinem Sortiment haben wollen. Ich könnte hundert Möglichkeiten vorschlagen, wie dieser Mann mit Suggestion und Autosuggestion sein Geschäft vergrößern könnte, um Freunde an sich zu ziehen, anstatt sie zu vertreiben, und um die Welt und sich selbst besser und glücklicher zu machen, während er in ihr lebt".

Aber, so fragen Sie sich vielleicht, was hat das alles mit Verkaufspsychologie zu tun - was hat Werbung, Geschäftsauslage, persönliches Auftreten usw. mit Verkaufskunst zu tun? Nur soviel, dass all diese Dinge auf den gleichen Grundprinzipien basieren wie die Verkaufskunst, und dass diese Grundprinzipien die der Psychologie sind. Alles, was gesagt wurde, bezieht sich auf die Psychologie - alles ist die Wirkung der Psychologie pur und einfach. Alles hängt von der mentalen Einstellung, den angebotenen Suggestionen, den induzierten mentalen Zuständen, dem Motiv des Willens ab - all diese äußeren Dinge sind lediglich die Auswirkungen der inneren mentalen Zustände.

J.W. Kennedy sagt in "Judicious Advertising": "Werbung ist nur ein Verkauf auf dem Papier; ein bloßes Mittel, um schnell Geld zu verdienen und Waren zu verkaufen. Dieses 'Mysteriöse Etwas' ist nur gedruckte Überzeugung und sein anderer Name ist 'Verkaufen aus Überzeugung'. Überzeugung kann nach Belieben von den wenigen Schriftstellern vermittelt werden, die sich mit den Gedankengängen, durch die Überzeugung hervorgerufen wird, eingehend beschäftigt haben. Die Mission jeder Anzeige ist es, Leser in Käufer zu verwandeln." Geo. Dyers sagt in derselben Zeitschrift: "Die Werbung berücksichtigt die unterbewussten Eindrücke, die verschiedenen Phasen der Suggestion und Assoziation, wie sie durch das Auge empfangen werden, die Psychologie des direkten Befehls, - alles ernsthaft zu bedenken und ernsthaft zu berücksichtigen, wie sehr wir uns auch vor den Bedingungen scheuen mögen. Seth Brown sagt in " Salesmanship": "Werbung zu machen, die Waren verkauft, erfordert die Entwicklung des menschlichen Teils des Texters. Er muss die verschiedenen Kräfte erkennen, die Aufmerksamkeit, Interesse, Wunsch und Überzeugung bewirken. Der Käufer will Ihre Waren, weil sie für ihn eine bestimmte Wirkung oder ein bestimmtes Ergebnis haben werden. Es ist dieses Ergebnis, das der Werbefachmann im Auge behalten muss."

"Aber", können Sie auch sagen, "nach all dieser 'Psychologie' scheint es nichts anderes zu sein, als das, was wir schon immer als 'menschliche Natur' kannten - das ist nichts Neues." Genau so ist es! Psychologie ist die innere Wissenschaft der menschlichen Natur. Die menschliche Natur hängt völlig von psychologischen Prozessen ab - sie ist mit den Aktivitäten des Geistes verbunden. Die Erforschung der menschlichen Natur ist die Erforschung des Geistes der Menschen. Aber, während das Studium der menschlichen Natur, wie es normalerweise durchgeführt wird, ein eher willkürliches, zufälliges Unterfangen ist, ist das Studium des Geistes, gemäß den etablierten Prinzipien der Psychologie, ein wissenschaftliches Studium und wird nach wissenschaftlichen Methoden durchgeführt.

Besonders in der Phase des Verkaufens wird das Studium der menschlichen Natur nach den Prinzipien der Psychologie zur Wissenschaft. Von der ersten bis zur letzten Verkaufskunst ist es ein psychologisches Fach. Jeder Schritt im Prozess eines Verkaufs ist ein mentaler Prozess. Die geistige Einstellung und die mentale Ausdruckskraft des Verkäufers, die geistige Einstellung und der geistige Eindruck des Kunden, der Prozess des Erregens der Aufmerksamkeit, des Weckens der Neugier oder des Interesses, des Schaffens von Verlangen, des Befriedigens der Vernunft und schließlich des Bewirkens der Willensäußerung - all dies sind rein mentale Prozesse, und das Studium dieser Prozesse wird zu einem Zweig des Studiums der Psychologie. Die Präsentation von Waren auf der Theke, im Regal oder im Schaufenster eines Geschäfts oder in den Händen des Verkäufers auf der Straße muss auf psychologischen Prinzipien beruhen. Die Argumentation des Verkäufers muss nicht nur logisch sein, sondern auch so gestaltet und formuliert werden, dass sie bestimmte Gefühle oder Fähigkeiten im Kopf des potenziellen Käufers weckt - das ist Psychologie. Und schließlich ist der Abschluss des Verkaufs, bei dem das Objekt den Willen des Käufers zu einer letzten günstigen Handlung wecken soll - auch das ist Psychologie. Vom Eintritt des Verkäufers bis zum endgültigen Abschluss des Verkaufs ist jeder einzelne Schritt ein psychologischer Prozess. Ein Verkauf ist die Aktion und Reaktion von Geist auf Geist, nach bewährten psychologischen Prinzipien und Regeln. Verkaufen ist im Wesentlichen eine psychologische Wissenschaft, wie jeder zugeben muss, der dem Thema eine logische Betrachtung schenkt. Denjenigen, die den Begriff "Psychologie" wegen seiner Ungewöhnlichkeit und seines ungewohnten

Klangs ablehnen, ist es egal, ob wir den Begriff forcieren oder nicht. Laßt solche an ihrem traditionellen Begriff der "menschlichen Natur" festhalten, erinnert Euch aber daran, dass die "menschliche Natur" im wesentlichen mental ist. Ein toter Mann, ein Mann im Schlaf oder in Trance oder ein Idiot, manifestiert keine "menschliche Natur" in dem Sinne, wie das Wort allgemein verwendet wird. Ein Mensch muss lebendig, hellwach und im Besitz seiner Sinne sein, bevor er in der Lage ist, die "menschliche Natur" zu manifestieren, und bevor seine "menschliche Natur" nach den bekannten Prinzipien angefochten werden kann. Die "menschliche Natur" lässt sich nicht von der Psychologie trennen, so sehr wir es auch versuchen mögen.

Wir wollen keinen Augenblick lang unterstellen, dass die Verkaufskunst völlig von der Kenntnis der Psychologie abhängig ist. Es gibt noch andere Faktoren. Zum Beispiel muss der Verkäufer praktische Kenntnisse über seine Waren besitzen; über die Jahreszeiten; über den Trend der Mode in Bezug auf seine Branche; über die Anpassungsfähigkeit bestimmter Waren für bestimmte Bereiche. Aber wenn man für den Augenblick darauf verzichtet, dass auch diese letzten Punkte mit dem Geist der Menschen zu tun haben, und zugibt, dass sie als unabhängig von der Psychologie betrachtet werden können, dann nützen all diese Punkte nichts, wenn der Verkäufer die psychologischen Prinzipien des Verkaufs verletzt. Gib einem solchen Mann die beste Ware, aus dem besten Hause, mit einer gründlichen Kenntnis der Anforderungen des Handels und der Ware selbst, und schicke ihn hinaus, um diese Ware zu verkaufen. Das Ergebnis wird sein, dass sein Verkauf unter die Stufe eines Mannes fallen wird, der in anderer Hinsicht weit weniger gut ausgestattet ist, der aber die Psychologie des Verkaufens versteht, entweder intuitiv oder durch bewusste Aneignung.

Da das Wesen der Verkaufskunst in der Anwendung der richtigen psychologischen Prinzipien besteht, ist es dann nicht unbedingt erforderlich, dass der Verkäufer etwas vom Geist des Menschen weiß - dem Instrument, auf dem er seine Berufung ausüben muss? Sollte der Verkäufer nicht die gleiche Art von Wissen über sein Instrument besitzen wie der Musiker, der Mechaniker, der Handwerker, der Künstler? Was würde man von einem denken, der erwarten würde, ein erfahrener Schwertkämpfer zu werden, ohne die Prinzipien des Fechtens zu kennen, oder von einem, der versuchen würde, ein Boxer zu werden, ohne das etablierte Prinzip des Boxens zu beherrschen? Die

Instrumente des Verkäufers sind sein eigener Verstand und der Verstand seiner Kunden. Er sollte sich mit beiden gründlich vertraut machen.

# KAPITEL II DIE GEISTIGE HALTUNG DES VERKÄUFERS

In der Psychologie der Verkaufskunst gibt es zwei wichtige Elemente, nämlich (1) Die Psyche des Verkäufers; und (2) die Psyche des Käufers. Das Angebot oder die zu verkaufende Ware stellt das Bindeglied zwischen den beiden Gemütern dar, oder den gemeinsamen Punkt, auf dem sich die beiden Gemüter vereinen, vermischen und zu einer Einigung kommen müssen. Der Verkauf selbst ist das Ergebnis der Verschmelzung und Übereinstimmung der beiden Geister - das Produkt der Aktion und Reaktion zwischen ihnen. Betrachten wir nun die beiden wichtigen Elemente, die Two Minds, die in den Prozess des Verkaufens involviert sind.

Beginnen wir unsere Betrachtung des Geistes des Verkäufers, wir wollen erkennen, dass sein Charakter und seine Persönlichkeit von seinem Geist abhängen. Sein Charakter setzt sich aus seinen individuellen mentalen Qualitäten oder Attributen zusammen. Seine Persönlichkeit ist sein üblicher äußerer Ausdruck seines Charakters. Sowohl der Charakter als auch die Persönlichkeit können beeinflusst, umgeändert und verbessert werden. Und es gibt in jedem Menschen ein zentrales Etwas, das er "Ich" nennt, das in der Lage ist, diese Veränderungen in seinem Charakter und seiner Persönlichkeit zu ordnen und zu manifestieren. Man kann zwar plausibel argumentieren, dass der Mensch nur eine Zusammensetzung seiner Eigenschaften ist und nichts weiter, aber dennoch gibt es in jedem Menschen immer das Bewusstsein, dass in seinem wirklichen "Ich" etwas ist, das über und hinter den Eigenschaften steht und diese regulieren kann. Ohne den Versuch zu unternehmen, den Leser in das Labyrinth der Metaphysik oder in die Fallstricke der Philosophie zu führen, wollen wir ihm die Tatsache vermitteln, dass sein geistiges Wesen für sein innerstes Bewusstseinszentrum dieses geheimnisvolle "Ich" hat, dessen Natur niemand je bestimmen konnte, das aber, wenn es vollständig verwirklicht ist, dem Menschen eine zuvor ungeahnte Kraft und Stärke verleiht.

Und es lohnt sich für jeden, der Selbstentwicklung und Selbstvervollkommnung sucht, zu einer klaren Erkenntnis dieses "Ichs" in ihm zu erwachen, zu der jedes Vermögen, jede Fähigkeit, jede Eigenschaft, jede Charakteristik ein Instrument des Ausdrucks und der Manifestation ist. Das wirkliche "Du" sind nicht die Eigenschaften oder Merkmale der Persönlichkeit, die sich von Zeit zu Zeit ändern, sondern ein permanenter, unveränderlicher Mittelpunkt und Hintergrund der Veränderungen der Persönlichkeit - etwas, das alle Veränderungen durchhält und das man einfach als "Ich" kennt. In dem Band "The New Psychology" dieser Reihe haben wir im Kapitel "The Ego, or Self" ausführlich darüber gesprochen. Eine weitere Erwähnung wäre im vorliegenden Band fehl am Platz, aber es mag uns erlaubt sein, das Folgende aus dem genannten Kapitel zu zitieren, denn wir sind der Meinung, dass eine Verwirklichung dieses "Ichs" für jeden Menschen, der seinen eigenen Geist beherrschen und seine eigene Persönlichkeit erschaffen möchte, am wichtigsten ist. Hier folgt das Zitat:

"Das Bewusstsein des 'Ichs' steht über der Persönlichkeit - es ist etwas, das untrennbar mit der Individualität verbunden ist. * * * Das Bewusstsein des 'Ichs' ist eine tatsächliche Erfahrung, genauso wie das Bewusstsein der vorliegenden Arbeit. * * * Das ganze Thema der Neuen Psychologie ist mit dieser Erkenntnis des 'Ichs' verbunden - es dreht sich um dieses 'Ich' als ein Rad um sein Zentrum. Wir betrachten die mentalen Fähigkeiten, Kräfte, Organe, Qualitäten und Ausdrucksweisen lediglich als Instrumente, Werkzeuge oder Kanäle des Ausdrucks dieses wunderbaren Etwas - das Selbst, das reine Ego - das 'Ich'. Und dies ist die Botschaft der Neuen Psychologie - dass Sie, das "Ich", über eine wunderbare Reihe von mentalen Instrumenten, Werkzeugen und Mechanismen verfügen, die, wenn sie richtig eingesetzt werden, für Sie jede Art von Persönlichkeit schaffen, die Sie sich wünschen. Du bist der Meister der Kunst, der aus dir machen kann, was du willst. Aber bevor Sie die Wahrheit schätzen können - bevor Sie sie sich zu eigen machen können - bevor Sie sie anwenden können, müssen Sie in die Erkennung und Verwirklichung dieses wunderbaren Ichs, das Sie sind, eintreten, für das Körper und Sinne, ja sogar der Geist selbst, nur Kanäle des Ausdrucks sind. Sie sind etwas mehr als Körper oder Sinne oder Geist - Sie sind dieses wunderbare Etwas, Meister all dieser Dinge, von denen Sie aber nur eines sagen können: 'ICH BIN'.

Aber denken Sie immer daran, dass diese Erkenntnis des Egos nicht Egoismus oder Selbstüberhebung oder den Vergleich Ihres

Charakters oder Ihrer Persönlichkeit mit dem anderer bedeutet. Es ist Egoismus, nicht Selbstsucht - und Egoismus bedeutet einfach die Verwirklichung dieses "Meister-Bewusstseins", dem alle anderen geistigen Fähigkeiten untergeordnet sind. Wenn Sie einen anderen Namen dafür wollen, können Sie dieses "Ich" als den "Willen des Willens" betrachten, denn es ist das Wesen der Willenskraft - es ist sozusagen der Wille, der sich seiner selbst bewusst ist. Mit Hilfe der Erkenntnis wird es Ihnen viel leichter fallen, die geistigen Qualitäten zu kultivieren, in denen Sie Mängel haben, und unerwünschte Eigenschaften zu zügeln. Der Geist der Idee kann durch ein sorgfältiges Verständnis des Folgenden aus der Feder von Charles F. Lummis gewonnen werden: "Ich bin in Ordnung. Ich bin größer als alles, was mir passieren kann. All diese Dinge sind vor meiner Tür, und ich habe den Schlüssel!"

Die geistigen Qualitäten, die dem Verkäufer am meisten abverlangt werden, lassen sich wie folgt beschreiben:

*1. Selbstachtung.* Es ist wichtig für den Verkäufer, dass er die Fähigkeit der Selbstachtung kultiviert. Damit meinen wir nicht Egoismus, Eitelkeit, Hochmut, Herrschsucht, Überheblichkeit, Hochnäsigkeit, Snobismus usw., allesamt schädliche Eigenschaften. Selbstachtung, im Gegenteil, vermittelt das Gefühl wahrer Männlichkeit oder Weiblichkeit, Selbstvertrauen, Würde, Mut und Unabhängigkeit. Es ist der Geist des Indianerhäuptlings Black Hawk, der, den Kopf hebend, zu Jackson sagte: "Ich bin ein Mann!" Es ist ganz im Gegensatz zu jenem krabbelnden, kräuselnden "Wurm aus dem Staub", des Uriah Heep, der immer wieder behauptete, wie demütig - wie sehr bescheiden - er sei. Lernen Sie, der Welt in die Augen zu sehen, ohne mit der Wimper zu zucken. Werfen Sie die Angst vor der Öffentlichkeit und den Eindruck ab, dass Sie unwürdig sind. Lernen Sie, an sich selbst zu glauben und sich selbst zu respektieren. Lassen Sie Ihr Motto "Ich kann, ich will, ich wage, ich tue!" sein.

Selbstachtung ist ein sicheres Gegenmittel gegen das Gefühl der Angst, des Schrumpfens, des Minderwertigkeitsgefühls und anderer negativer Gefühle, die den Verkäufer manchmal unterdrücken, wenn er im Begriff ist, sich in die Gegenwart eines "großen Mannes" zu begeben. Denken Sie daran, dass die Persönlichkeit des Mannes nur eine Maske ist und dass dahinter nur ein "Ich" wie Ihr eigenes steht - nicht mehr und nicht weniger. Erinnern Sie sich, dass hinter dem

"John Smith"-Teil von Ihnen dieselbe Art von "Ich" existiert, die hinter dem "Großer Jammerlappen"-Teil von ihm existiert. Erinnere dich, dass du ein Mensch bist, der sich dem Menschen nähert, nicht ein Wurm, der sich einem Gott nähert. Erinnern Sie sich daran, wie Kipling sagt: "Die Dame des Obersten und Judy O'Grady sind Schwestern unter ihrer Haut", so sind Sie und das große Zwillings-Ich unter der Hülle von Persönlichkeit, Position und äußerer Erscheinung. Durch die Kultivierung der Erkenntnis des "Ichs", von dem wir Ihnen erzählt haben, werden Sie ein neues Gefühl der Selbstachtung erwerben, das Sie gegen das Gefühl der Schüchternheit, Minderwertigkeit und Angst in der Gegenwart anderer immun macht. Wenn ein Mann sich selbst nicht respektiert, kann er nicht erwarten, dass andere ihn respektieren. Er sollte seine wahre Individualität aufbauen und sie respektieren, wobei er immer darauf achten sollte, nicht durch Egoismus, Eitelkeit und ähnliche Verrücktheiten der Persönlichkeit "auf die Seite" zu geraten. Nicht Ihre Persönlichkeit hat ein Recht auf Respekt, sondern Ihre Individualität, die etwas ganz anderes ist. Die Persönlichkeit gehört dem äußeren Menschen, die Individualität dem inneren.

Die körperliche Haltung und Haltung des Menschen reagiert auf seine eigene geistige Einstellung und beeindruckt auch diejenigen, in deren Gegenwart er sich befindet. Es gibt immer eine Aktion und Reaktion zwischen Geist und Körper. Genauso wie mentale Zustände in physischen Handlungen Gestalt annehmen, so reagieren physische Handlungen auf den Geist und beeinflussen mentale Zustände. Wenn Sie ständig die Stirn runzeln, werden Sie sich verärgert fühlen; lächeln Sie und Sie werden sich fröhlich fühlen. Tragen Sie sich wie ein Mann, und Sie werden sich wie ein Mann fühlen. Carl H. Pierce sagt über die richtige Beförderung eines Verkäufers: "Denken Sie daran, dass Sie keinen Gefallen verlangen, dass Sie sich für nichts entschuldigen müssen und dass Sie jeden Grund der Welt haben, Ihren Kopf hochzuhalten. Und es ist wunderbar, was dieses Hochhalten des Kopfes zur Umsatzsteigerung beitragen wird. Wir haben gesehen, wie Verkäufer Zugang zu den Büros von Broadway-Käufern erhalten, indem sie den Kopf einfach aufrecht über die Schultern halten. Die Regel lautet: Halten Sie die Ohrläppchen direkt über die Schultern, so dass ein Lot, das an den Ohren hängt, die Linie Ihres Körpers beschreibt. Achten Sie darauf, den Kopf weder rechts noch links, sondern senkrecht zu tragen. Viele Männer machen den Fehler, vor allem wenn sie auf einen Interessenten warten, um eine wichtige Angelegenheit zu erledigen, den Kopf entweder nach rechts oder links zu neigen. Dies deutet auf Schwäche hin. Eine Studie über Männer enthüllt die Tatsache, dass die starken Männer den Kopf nie neigen. Ihre Köpfe sitzen vollkommen gerade auf starken Hälsen. Ihre Schultern, die leicht und doch fest in der richtigen Position gehalten werden, sind inspirierend in ihrer Stärke, die auf eine Haltung hinweist. Jede Linie des Körpers bezeichnet mit anderen Worten den Gedanken des Trägers."

Kultivieren Sie also nicht nur das innere Gefühl der Selbstachtung, sondern auch die äußeren Anzeichen dieses Geisteszustandes. So sichern Sie sich den Nutzen der Aktion und Reaktion zwischen Körper und Geist.

*II. Haltung.* Der Verkäufer sollte die Haltung (Poise) kultivieren, die sich in Balance, Ruhe und Leichtigkeit manifestiert. Poise ist jene geistige Qualität, die ein natürliches Gleichgewicht zwischen den verschiedenen Fähigkeiten, Gefühlen, Emotionen und Tendenzen aufrechterhält. Es ist die Behauptung des "Ichs" als Meister und Kontrolleur der mentalen Zustände, Gefühle und Handlungen. Poise ermöglicht es einem, sich selbst mental richtig auszubalancieren, anstatt seine Gefühle oder Emotionen mit ihm durchgehen zu lassen. Poise ermöglicht es, der Meister seiner selbst zu bleiben, anstatt einerseits "überzufallen" oder andererseits "die Nerven zu verlieren". Poise befähigt einen, "sich selbst gut in der Hand zu halten". Der Mann, der Poise hat, hat in der Tat Macht, denn er wird nie aus dem Gleichgewicht gebracht und bleibt daher immer Herr der Lage. Haben Sie schon mal vom Gyroskop gehört oder es gesehen? Nun, es ist eine eigenartige kleine mechanische Konstruktion, die aus einem wirbelnden Rad in einem Rahmenwerk besteht, wobei die Besonderheit in der Anordnung und der Wirkung des Rades besteht, das durch seine Bewegung immer seine Balance und sein Gleichgewicht behält. Wie auch immer der kleine Apparat gedreht wird, er bleibt immer im Gleichgewicht. Es spielt eine wichtige Rolle in der Luftnavigation und in den Einschienenbahnsystemen des Transportsystems.

Nun, hier ist der Punkt - ein mentales Gyroskop sein. Kultivieren Sie die mentale Qualität, die automatisch in Richtung Gleichgewichtshaltung und Schwerpunktbildung wirkt. Das bedeutet nicht, dass Sie ein eingebildeter oder selbstgefälliger Langweiler sein sollten, der sich eine übernatürliche Würde anmaßt. Im Gegenteil seien Sie immer natürlich in Art und Weise und in der Handlung. Es geht darum, immer das Gleichgewicht und die geistige Kontrolle zu bewahren, anstatt Ihre Gefühle oder Emotionen mit Ihnen durchgehen zu lassen. Ausgeglichenheit bedeutet Meisterschaft - ohne sie ist es Sklaverei. Wie Edward Carpenter sagt: "Wie selten trifft man doch einen Mann! Wie üblich ist es doch eher, eine Kreatur zu entdecken, die von tyrannischen Gedanken (oder Sorgen oder Begierden) gejagt wird, die sich verkriecht, unter der Peitsche zusammenzuckt - oder vielleicht stolz darauf ist, im Gehorsam gegenüber einem Führer fröhlich zu rennen, der an den Fesseln rüttelt und sich einredet, er sei frei. Poise ist der geistige Kreisel - halten Sie ihn in gutem Zustand.

*III. Fröhlichkeit.* Die "helle, fröhliche und glückliche" geistige Einstellung und deren äußerliche Manifestation ist ein Erfolgsmagnet für den Verkäufer. Der "Miesepeter" ist der negative Pol der Persönlichkeit und wirkt wie kaum eine andere Eigenschaft auf den Menschen abstoßend. Die heitere Haltung und der Geisteszustand sind so sehr gefragt, dass die Menschen oft denjenigen, die sie besitzen, unangemessen bevorzugen und einen "mürrischen" verdienstvollen Menschen zugunsten des weniger Verdienstvollen, aber "Sonnenschein in der Persönlichkeit" aufweisenden Menschen übergehen. Der "Mann mit der Südlage" ist gefragt. Es gibt genug auf der Welt, um die Menschen zu deprimieren, ohne dass ihnen die Finsternis von Personen aufgezwungen wird, die zum Verkauf von Waren aufrufen. Nun hat der Dichter gesagt:

*"Lache, und die Welt lacht mit dir;*
*weine, und du weinst allein.*
*Denn diese traurige alte Erde braucht Heiterkeit;*
*Sie hat schon genug Sorgen."*

Die Welt zieht "den fröhlichen Jim" dem "düsteren Gus" vor und wird dem Ersten ihre Gunst schenken, während sie dem Zweiten die kalte Schulter zeigt. Die menschliche nasse Dusche ist kein willkommener Gast, während derjenige, der es schafft, bei allen Gelegenheiten ein wenig Sonne hereinzulassen", immer willkommen ist. Der optimistische und fröhliche Geist schafft sich eine Atmosphäre, die sich, vielleicht unbewusst, an allen Orten, die der Mensch besucht, ausbreitet. Fröhlichkeit ist ansteckend und ein wertvolles Gut. Wir haben Personen kennengelernt, deren sonniges Äußeres eine Erleichterung der Anspannung bei denjenigen, die sie besuchten, bewirkte. Wir haben es von solchen Menschen gehört: "Ich bin immer froh, wenn ich sehe, dass der Bursche mich aufheitert." Das bedeutet nicht, dass man sich bemühen sollte, ein professioneller Witz, ein Clown oder ein Komiker zu werden - darum geht es nicht. Die Idee, die diesem Geisteszustand und diesem Persönlichkeitsmerkmal zugrunde liegt, ist Heiterkeit und die Bereitschaft, die Dinge von der positiven Seite zu betrachten und diesen Geisteszustand so zu manifestieren, wie die Sonne ihre Strahlen ausstrahlt. Lernen Sie, Heiterkeit auszustrahlen. Es geht nicht so sehr darum, Dinge zu sagen, als vielmehr darum, sie zu denken. Die inneren Gedanken eines Menschen spiegeln sich in seiner äußeren Persönlichkeit wider.

Kultivieren Sie also die innere Heiterkeit, bevor Sie hoffen können, ihre äußeren Eigenschaften zu manifestieren. Es gibt nichts, was so erbärmlich ist oder so flach wirkt, wie eine gefälschte Heiterkeit - sie ist schlimmer als die Minnesänger-Witze des letzten Jahrhunderts. Um fröhlich zu sein, muss man nicht unbedingt ein "Witzbold" sein. Die Atmosphäre wahrer Heiterkeit kann nur von innen heraus entstehen. Die Japaner aus der höheren Klasse weisen ihre Kinder an, ein fröhliches Auftreten und ein lächelndes Gesicht zu bewahren, egal was passiert, auch wenn es einem das Herz bricht. Sie betrachten dies als die Verpflichtung ihrer Kaste und halten es für höchst unwürdig, sich in einer anderen Haltung oder Ausdrucksweise zu zeigen, und betrachten es auch als eine Beleidigung für andere. Ihre Theorie, die einen Teil ihres wunderbaren Kodex, genannt "Bushido", bildet, ist, dass es eine Unverschämtheit ist, anderen seinen Kummer, seine Trauer, sein Unglück oder seinen "Jammer" aufzudrängen. Sie reservieren ihre Sorgen und Schmerzen für ihren eigenen inneren Kreis und präsentieren anderen immer ein freundliches und heiteres Aussehen. Der Verkäufer täte gut daran, sich an den "Bushido" zu erinnern - er braucht ihn in seinem Geschäft. Vermeiden Sie den "mürrischen" Geisteszustand wie eine Pest. Seien Sie kein "Muffel" - denn "Muffel", wie bei den Hühnern, kommen nach Hause zum Schlafen und bringen ihre Küken mit.

*IV. Höflichkeit.* Höflichkeit ist ein wertvolles Gut für einen Verkäufer. Nicht nur das, sondern sie ist ein Charakterzug, der für

Gentlemen in allen Lebensbereichen charakteristisch ist und eine Pflicht gegenüber sich selbst und anderen ist. Unter Höflichkeit und Respekt sind nicht die formalen, künstlichen Äußerlichkeiten und Bemerkungen zu verstehen, die nur die Fälschung des Echten sind, sondern das respektvolle Verhalten gegenüber anderen, das das Zeichen der angeborenen Feinheit und der guten Erziehung ist. Höflichkeit und Respekt bestehen nicht unbedingt aus formalen Regeln der Etikette, sondern aus einer inneren Sympathie und einem Verständnis für andere, die sich in einem höflichen Benehmen ihnen gegenüber äußert. Jeder wird gerne mit Wertschätzung und Verständnis behandelt und ist bereit, dies auch in gleicher Form zu vergelten. Man muss kein roher "Spaßvogel" sein, um höflich zu sein. Politik - wahre Höflichkeit - kommt von innen, und es ist fast unmöglich, sie erfolgreich nachzuahmen. Ihr Geist kann durch die Idee ausgedrückt werden, das Gute in jedem Menschen zu sehen und dann gegenüber der Person so zu handeln, als ob ihr Gut deutlich erkennbar wäre. Schenke denen, mit denen du in Kontakt kommst, die Art und Weise, Aufmerksamkeit und Respekt, auf die sie Anspruch hätten, wenn sie tatsächlich das höchste Gut in sich selbst manifestieren würden.

Einer der besten Einzelhandelskaufleute, die wir je kannten, führte seinen Erfolg auf seine Fähigkeit zurück, "auf die Seite des Kunden an den Tresen zu kommen", d.h. zu versuchen, die Sache aus der Sicht des Kunden zu sehen. Dies führte zu einem sympathischen Verständnis, das sehr wertvoll war. Wenn es dem Verkäufer gelingt, sich in die Lage des Kunden zu versetzen, kann er die Dinge mit einem neuen Licht sehen und so ein Verständnis für den Kunden gewinnen, das es ihm, dem Verkäufer, ermöglicht, eine echte Höflichkeit gegenüber seinen Kunden zu manifestieren. Aber Höflichkeit und Respekt bedeutet nicht eine kriecherische, ängstliche Geisteshaltung oder Benehmen. Wahre Höflichkeit und Respekt müssen den Hintergrund und die Unterstützung von Selbstachtung haben.

Mit Höflichkeit verbunden ist die Qualität namens Takt, die definiert wird als "die besondere Fähigkeit oder Geschicklichkeit, genau das zu tun oder zu sagen, was die Umstände erfordern oder geeignet sind; eine nette Sichtweise oder Unterscheidungsvermögen". Eine kleine Überlegung wird zeigen, dass das Taktgefühl von einem Verständnis des Standpunktes und der mentalen Haltung des anderen abhängen muss, damit, wenn man den Schlüssel zu dem einen hat, man dem anderen die Tür öffnen kann. Ein Verständnis für die Position des anderen und die Anwendung des wahren Geistes der Höflichkeit werden einen langen Weg zur Feststellung der Qualität von Taktgefühl gehen. Takt ist eine seltsame Kombination aus weltlicher Weisheit und der goldenen Regel - eine Mischung aus der Fähigkeit, in den Verstand des anderen zu suchen, und der Fähigkeit, zu anderen zu sprechen, wie Sie es tun würden, wenn andere unter den gleichen Umständen zu Ihnen sprechen würden. Die Eigenschaft, die Anpassungsfähigkeit genannt wird, oder die Fähigkeit, sich selbst an die Bedingungen und die Persönlichkeit anderer anzupassen, gehört ebenfalls zu dieser Kategorie. Die Anpassungsfähigkeit hängt von der Fähigkeit ab, die Position des anderen zu sehen. Wie ein Schriftsteller sagt: "Diejenigen, die nicht in Harmonie mit ihrer Umgebung sind, verschwinden, um Platz für diejenigen zu schaffen, die in Harmonie mit ihnen sind. Wenn der Grundton des Verständnisses des Geistes anderer gefunden ist, wird das ganze Thema der wahren Höflichkeit, des Taktes und der Anpassungsfähigkeit verstanden und kann in der Praxis angewendet werden.

*V. Die menschliche Natur.* Eng verbunden mit dem Thema der vorhergehenden Absätze ist das Thema der menschlichen Natur. Die Kenntnis der menschlichen Natur ist für den Verkäufer sehr wichtig. Um die Funktionsweise des Geistes anderer zu verstehen, muss man nicht nur die allgemeinen psychologischen Prinzipien verstehen, sondern auch die besonderen Manifestationen dieser Prinzipien. Die Natur neigt dazu, Klassen und Arten zu bilden, und die Mehrheit der Menschen kann je nach ihrem Temperament in spezielle Klassen eingeteilt werden. Ein intelligentes Studium der Neuen Psychologie und des allgemeinen Themas der menschlichen Natur in Werken über Physiognomie usw. wird viel dazu beitragen, dass man auf dem Weg zu einem Verständnis der menschlichen Natur gut vorankommt. Aber das beste Wissen kommt schließlich nur, wenn die allgemeinen Prinzipien unter Beobachtung in der allgemeinen Erfahrung getestet und angewendet werden.

In dieser speziellen Arbeit haben wir viel über bestimmte Merkmale der menschlichen Natur zu sagen - tatsächlich ist die menschliche Natur, wie wir gesagt haben, nur Psychologie. Die folgenden Ratschläge aus der Feder von Prof. Fowler, der bekannten Autorität auf dem Gebiet der Phrenologie, werden allen Verkäufern empfohlen, die sich die Fähigkeit zum Verständnis der menschlichen Natur aneignen wollen: Beobachten Sie alle Handlungen des Menschen genau, um ihre Motive und Triebfedern zu ermitteln; schauen Sie mit einem scharfen Auge auf den Mann, die Frau, das Kind, auf alles, was Ihnen begegnet, als ob Sie es durchlesen würden; beachten Sie besonders den Ausdruck des Auges, als ob Sie sich dessen bewusst wären, was es bedeutet; sagen Sie sich selbst: Welche Eigenschaft hat diesen Ausdruck oder diese Handlung veranlasst; betrachten Sie die allgemeinen Blicke, die Haltung, die natürliche Sprache und die Manifestation des Mannes, und geben Sie sich den Eindrücken hin, die von Natur aus auf Sie gemacht werden - das heißt, studieren Sie die menschliche Natur sowohl als Philosophie als auch als Gefühl, oder als ob Sie sich davon beeindrucken ließen.

Ein Band dieser Reihe mit dem Titel "Human Nature" geht auf dieses Thema im Detail ein.

# KAPITEL III DIE GEISTIGE HALTUNG DES VERKÄUFERS (FORTSETZUNG)

*VI. Die Hoffnung.* Der Verkäufer sollte den optimistischen Ausblick auf das Leben kultivieren. Er sollte die aufrichtige Erwartung der guten Dinge, die kommen werden, wecken und zu deren Verwirklichung beitragen. Viel vom Erfolg im Leben hängt von der geistigen Einstellung und der zuversichtlichen Erwartung eines erfolgreichen Ergebnisses ab. Der ernsthafte Wunsch, die zuversichtliche Erwartung und das entschlossene Handeln - das ist der dreifache Schlüssel zum Erfolg. Der Gedanke manifestiert sich in Aktion, und wir wachsen in Übereinstimmung mit dem mentalen Muster oder der Form, die wir für uns selbst schaffen. Wenn Sie sich umschauen, werden Sie feststellen, dass die Menschen, die erfolgreich waren und sind, diejenigen sind, die die optimistische mentale Einstellung beibehalten haben - die sich immer auf den Stern der Zuversicht gefreut haben, sogar in den Momenten der größten Schwierigkeiten und vorübergehenden Rückschläge. Wenn ein Mensch seine Zuversicht dauerhaft verliert, ist er besiegt. Die Hoffnung ist der Ansporn, der den Menschen immer weiter nach vorne und oben zieht. Die Hoffnung, hinter der der Wille und die Entschlossenheit stehen, ist fast unbesiegbar. Lernen Sie, die Dinge von der positiven Seite zu betrachten, an Ihren letztendlichen Erfolg zu glauben. Lernen Sie, nach oben zu schauen, nach dem Motto: "Schau nach oben!" Kultivieren Sie den "Gummiball-Geist", durch den Sie in der Lage sind, umso höher zu springen, je härter Sie hinuntergeworfen werden. Es gibt ein subtiles psychologisches Gesetz, durch dessen Anwendung wir dazu neigen, unsere Ideale zu materialisieren. Die "zuversichtliche Erwartung", die durch Handlungen unterstützt wird, wird am Ende siegen. Hängen Sie Ihren Wagen an den Stern der Hoffnung.

*VII. Der Enthusiasmus.* Nur sehr wenige Menschen verstehen die wahre Bedeutung des Wortes "Begeisterung", obwohl sie es im gewöhnlichen Gespräch recht häufig verwenden mögen. Enthusiasmus bedeutet weit mehr als Energie, Aktivität, Interesse und Hoffnung - er bedeutet den Ausdruck der "Seele" in geistigen und körperlichen Handlungen. Die Griechen benutzten das Wort in der Bedeutung von "Inspiration; von den Göttern bewegt", woraus die spätere Bedeutung von "inspiriert durch eine übermenschliche oder göttliche Kraft" entstand. Der moderne Gebrauch wird definiert als: "Ungezügelte und entflammende Inbrunst der Seele; glühender und phantasievoller Eifer oder Interesse; lebendige Manifestation von Freude oder Eifer;" usw. Ein Mensch, der von Begeisterung erfüllt ist, scheint sich aus dem Zentrum seines Seins zu bewegen und zu handeln - dem Teil, den wir meinen, wenn wir "Seele" sagen. Es liegt eine wunderbare Kraft in richtig gerichteter Begeisterung, die nicht nur dazu dient, in einem selbst seine volle Kraft zu wecken, sondern auch dazu, andere in Richtung einer geistigen Ansteckung zu beeindrucken. Mentale Zustände sind ansteckend, und Begeisterung ist einer der aktivsten psychischen Zustände. Enthusiasmus kommt der "Seelenkraft" näher als jeder andere äußere Ausdruck von psychischen Zuständen. Sie ist mit dem Seelen bewegenden Impuls von Musik, Poesie und dem Drama verbunden. Wir können es in den Worten eines Schriftstellers, Redners, Erzählers, Predigers, Pädagogen, Sängers oder Dichters spüren. Enthusiasmus kann als inspiriertes Interesse analysiert werden. Wie Walter D. Moody sagt: "Es wird sich herausstellen, dass alle Männer mit persönlicher Anziehungskraft sehr herzlich sind. Ihre intensive Ausstrahlung ist magnetisch." Die besten Autoritäten sind sich einig, dass Enthusiasmus das aktive Prinzip des so genannten persönlichen Magnetismus ist.

Ein alter Schriftsteller hat gut gesagt: "Jeder von uns strahlt eine Kugel, Aura oder einen Heiligenschein aus, der mit der Essenz seiner selbst getränkt ist, die Empfindsamen wissen es, so wie unsere Hunde und andere Haustiere; so wie ein hungriger Löwe oder Tiger; ja, sogar Fliegen, Schlangen und Insekten, bekanntlich auf unsere Kosten. Einige von uns sind magnetisch - andere nicht. Einige von uns sind warm, attraktiv, liebevoll und freundschaftlich, während andere kalt, intellektuell, nachdenklich, vernünftig, aber nicht magnetisch sind. Wenn ein Wissenschaftler der letzteren Art sich an ein Publikum wendet, wird es bald müde von seinem intellektuellen Diskurs und wird Symptome von Schläfrigkeit zeigen. Er spricht zu ihnen, aber nicht in sie hinein - er bringt sie zum Denken, nicht zum Fühlen, was für die Mehrheit der Personen am lästigsten ist, und nur wenige Redner sind erfolgreich, die versuchen, die Leute nur zum Denken zu bringen - diese wollen zum Fühlen gebracht werden. Die Menschen werden großzügig dafür zahlen, dass sie zum Fühlen oder Lachen gebracht werden, während sie einen Groschen missgönnen für eine Belehrung oder ein Gespräch, das sie zum Denken bringt. Gegen einen gelehrten Mann der oben erwähnten Art soll ein halbgebildeter, aber sehr liebevoller, reifer und sanfter Mann antreten, der nur neun Zehntel der Logik und der Gelehrsamkeit des ersten Mannes hat, und doch trägt ein solcher Mann seine Zuschauer mit vollkommener Leichtigkeit mit sich, und jeder ist hellwach und sammelt alles Gute, das ihm von den Lippen fällt. Die Gründe dafür sind offensichtlich und einleuchtend. Es ist Herz gegen Kopf, Seele gegen Logik, und die Seele ist verpflichtet, jedes Mal zu gewinnen." Und wie Newman sagt: "Abrechnungen haben keine Überzeugungskraft. Das Herz wird gewöhnlich nicht durch den Grund erreicht, sondern durch die Vorstellungskraft, durch direkte Eindrücke, durch das Zeugnis von Fakten und Ereignissen, durch Geschichte, durch Beschreibung. Personen beeinflussen uns, Blicke unterwerfen uns, Taten entflammen uns." Die Begeisterung vermittelt jene eigentümliche Qualität, die wir "Leben" nennen, die einen so wichtigen Teil der Persönlichkeit eines Verkäufers ausmacht. Erinnern Sie sich, dass wir Begeisterung als inspirierte Ernsthaftigkeit analysiert haben - denken Sie über diese Analyse nach und erfassen Sie ihren inneren Sinn. Das Wort "Begeisterung" selbst ist inspirierend - visualisieren Sie es und lassen Sie sich zu seinem Ausdruck anregen, wenn Sie sich "tot" fühlen. Schon der Gedanke daran ist ein Stimulans!

*VIII. Entschlossenheit.* Der Verkäufer braucht die Qualität von zäher Entschlossenheit, Ausdauer und "Durchhaltevermögen". Diese Bulldoggen-Qualität muss entwickelt werden. Der "Ich kann und ich will"-Geist muss kultiviert werden. Entschlossenheit setzt sich aus mehreren konstituierenden Fähigkeiten zusammen. Zuerst kommt die Kampflust oder die Qualität des "Anpackens" von Hindernissen. Dies ist eine ausgeprägte Qualität in allen starken Charakteren. Sie äußert sich als Mut, Kühnheit, Widerstand, Opposition und die Bereitschaft, gegen Widerstände anzukämpfen, statt ihnen nachzugeben.

Mit dieser Fähigkeit ist eine andere verbunden, die den sehr unangemessenen Namen Destruktivität trägt, die sich in der Richtung ausdrückt, Barrieren zu überwinden, Hindernisse zu überwinden, vorwärts zu kommen, nach vorne zu drängen, sich zu behaupten usw. Es ist die Qualität des Menschen, der seine eigenen Wege geht und sein eigenes Gewerbe aufbaut. Es ist die "Pionier"-Fähigkeit des Geistes, der den Boden räumt, Fundamente legt und die erste Blockhütte baut.

Dann kommt die Kontinuität, das Vermögen, das als "Zähigkeit" gut definiert ist, das einen befähigt, an seiner Aufgabe festzuhalten, bis sie beendet ist. Diese Fähigkeit verleiht Stabilität und Ausdauer und ermöglicht es dem Menschen, seine Arbeit gut zu beenden. Das Fehlen dieser Eigenschaft neutralisiert oft die Arbeit anderer guter Fähigkeiten, was dazu führt, dass der Mensch zu früh "loslässt" und so die Früchte seiner Arbeit verliert.

Schließlich kommt die Fähigkeit der Festigkeit, die einem die Qualität der Zähigkeit, der Ausdauer, der Beständigkeit, der Entscheidung und der Stabilität verleiht, begleitet von einer gewissen "Hartnäckigkeit", die die anderen Fähigkeiten zusammenhält. Ein gewisses Maß dieser Qualität von "Eselsmut" wird in der geistigen Einstellung eines Verkäufers benötigt. Wenn eine Person bis zu einem gewissen Grad "fixiert" ist, ermöglicht es ihr, ihre Position zu halten, ohne die ständige Abnutzung ihres Willens, die von denjenigen, denen dieser Wille fehlt, verursacht wird. Dieses Vermögen verhindert, dass man "abgelenkt" wird, und ermöglicht es, "die Hand an den Pflug zu legen und nicht nach hinten zu schauen". Sie hält den Meißel des Willens gegen das Metall der Umstände, bis die Arbeit getan ist. Sie ermöglicht es, wie der Fels zu sein, gegen den die Wellen des Widerstandes und der Konkurrenz harmlos schlagen. Es ermöglicht einem, sein Objekt zu sehen und dann direkt dorthin zu marschieren.

*IX. Die Geheimhaltung.* Wir erwähnen diese Eigenschaft nicht, weil sie eine so wichtige Rolle in der Welt der Verkaufskunst spielt, sondern weil der durchschnittliche Verkäufer dazu neigt, zu frei über Dinge zu sprechen, die man für sich behalten sollte. Dieses Versagen des Verkäufers ist auf die freie Meinungsäußerung zurückzuführen, die seine Arbeit erfordert. Er sollte sich jedoch daran erinnern, dass so mancher gute Plan gescheitert ist, weil der Verkäufer dazu neigt, seine Hoffnungen, Pläne und Erwartungen zu " erzählen " oder zu "verraten". Der Verkäufer sollte dreimal nachdenken, bevor er über eine Frage der Büro- oder persönlichen Politik, Pläne, Methoden oder andere Dinge spricht, die er seinen Konkurrenten nicht mitteilen möchte. Es ist eine sichere, von einem sehr erfolgreichen Geschäftsmann aufgestellte Regel, dass man "nie über etwas sprechen sollte, von dem man nicht möchte, dass der Hauptkonkurrent es hört - wenn man darüber spricht, wird er es hören. Die Welt ist voll von "kleinen Vögeln", die gerne Geschichten weitertragen - "Wände haben Ohren" mit Mikrofon, drahtlose Telegrafenaufsätze. Seien Sie ein Diplomat in den von uns erwähnten Angelegenheiten. Ein kleiner Gedanke sollte Sie davon überzeugen, dass Sie, wenn Sie selbst Ihre eigenen Geheimnisse nicht respektieren, nicht erwarten können, dass andere dies tun.

*X. Wissbegierde.* Diese Fähigkeit manifestiert sich als der Wunsch, Dinge zu erhalten, zu gewinnen, zu besitzen, nach ihnen zu greifen usw. Sie wird oft von den Menschen verurteilt, wegen der unangenehmen Eigenschaften, die diejenigen zeigen, bei denen sie abnormal entwickelt ist, wie der Geizhals, das "Dreckschwein" und der "Knauser". Aber es ist nicht gut, diese Fähigkeit voreilig zu verurteilen, denn ohne sie würden wir wunschlos, verschwenderisch, nutzlos, ohne Mittel und arm werden. Der Mann, der in irgendeinem Beruf Erfolg haben möchte, muß die Wissbegierde kultivieren, wenn sie ihm mangelt. Er muss lernen, die guten Dinge des Lebens zu wollen und ernsthaft zu begehren, und nach ihnen zu greifen. Er muss den Wunsch haben, etwas für sich selbst anzuhäufen, denn dadurch wird er arbeiten, sodass er einen wertvollen Weg zum Vermögen für seine Arbeitgeber schafft. Wissbegierde ist eines der belebenden Prinzipien der Geschäftswelt, auch wenn wir versuchen, sie zu umgehen. Es ist heuchlerisch, dies zu leugnen. Die Tatsachen sind zu klar, um sie beiseitezuschieben oder zu leugnen. Wie der Autor in einem anderen Werk sagte: "Die Leute sind alle auf die eine oder andere Weise hinter Geld her - alle gesegneten Mütter, Söhne und Töchter." Was bringt es, es zu leugnen. Eines Tages werden wir vielleicht bessere wirtschaftliche Bedingungen haben - ich bete zu Gott, dass wir das erreichen - aber bis dahin müssen wir alle dem Geld hinterherjagen, so gut wir können. Denn wenn ein Mensch dies nicht tut, dann wird er nicht zu essen haben, noch bekleidet sein, noch Unterkunft haben, noch Bücher, noch Musik, noch irgendetwas anderes, das das Leben lebenswert macht für einen, der denkt und fühlt. Es scheint mir, dass die richtige Balance in der folgenden Aussage erhalten bleibt: "Nimm, was du kriegen kannst, aber gib dem Anderen eine Chance."

*XI. Bestätigung.* Das ist die Qualität, die sich in dem Wunsch nach Lob, Schmeichelei, Anerkennung, Ruhm usw. manifestiert. Der Durchschnittsverkäufer braucht diese Fähigkeit nicht zu entwickeln - sein Temperament ist sehr geeignet, ihn dazu zu bringen, es zu hoch zu entwickeln. Es ist schön und gut, eine gewisse Freude über die Anerkennung der Arbeit durch andere zu empfinden. Aber es ist eine entschiedene Schwäche, so sensibel für die Meinungen anderer zu sein, dass sie unter deren Missbilligung oder dem Mangel an Lob leiden. Wer auf das Lob der Menge oder auf die Zustimmung des Pöbels angewiesen ist, ist ein Narr, der Mitleid verdient. Die Menge ist wankelmütig, und morgen könnte sich die Menge gegen diejenigen wenden, denen sie heute das Lob ausspricht. Außerdem sind immer viel heimlicher Neid und Eifersucht mit dem Lob der anderen vermischt.

Ist Ihnen schon einmal aufgefallen, wie eifrig die Menschen den Ausrutscher oder das Stolpern derer, die sie gelobt haben, erzählen? Lassen Sie sich nicht von dem Lob der Menge täuschen. Lassen Sie sich auch nicht aus Angst vor Schuldzuweisungen von einem richtigen Weg abbringen. Lernen Sie, sich auf das zu verlassen, was Sie selbst für richtig halten. "Vergewissern Sie sich, dass Sie Recht haben, dann machen Sie weiter." Lernen Sie, auf Ihren eigenen Füßen zu stehen und sich nicht auf andere zu stützen. Schütteln Sie die Menge ab. Kümmern Sie sich um Ihren eigenen Kram und lassen Sie andere das auch tun. Und schauen Sie der Welt direkt in die Augen, während Sie mit ihr reden. Sie wird Sie verstehen, wenn Sie sich nicht an sie herantasten. Aber kriechen Sie nie vor ihr zurück - sonst reißt sie Sie in Stücke. "Sie sagen: Was sagen sie? Sollen sie doch sagen!" "Kümmern Sie sich nicht darum - Ihre Freunde werden sich nicht darum kümmern, und Ihre Feinde werden sowieso kritisieren; was nützt das schon?" Sagen Sie sich selbst: "Ich bin der Kapitän meiner Seele." Und denken Sie an Burtons glorreiche Worte der Freiheit und des Mutes:

*"Tu, was deine Männlichkeit dir sagt, und erwarte nur von dir selbst Applaus;*

*Der Edelste lebt und der Edelste stirbt, der seine eigenen Gesetze macht und sie einhält.*

*Alles andere Leben ist der lebendige Tod, eine Welt, in der niemand außer den Gespenstern wohnt.*

*Ein Atemzug, ein Wind, ein Geräusch, eine Stimme, ein Glockengeläut eines Kamels."*

Der Unterschied zwischen Egoismus und Selbstgefälligkeit besteht hauptsächlich aus dem Unterschied zwischen Selbstachtung und Bestätigung. Entwickle das Erste und halte das Zweite zurück, wenn du ein Charakter werden willst. Und der erfolgreiche Verkäufer ist immer ein herausragendes Mitglied in der Menge der "bloßen Personen" oder "Auftragsnehmer". Seien Sie ein Mann und kein menschlicher Spiegel, der die Ideen, Meinungen und Wünsche aller um Sie herum widerspiegelt. Seien Sie kreativ, nicht imitierend. Schmeicheleien sind das Futter für Affen, nicht für Menschen.

*Persönlicher Ausdruck.* Obwohl der persönliche Ausdruck in Richtung Kleidung, Gang, Stimme usw. kaum als mentale Qualitäten bezeichnet werden kann, müssen sie doch als Ausdruck mentaler Qualitäten - äußere Manifestationen innerer Zustände - betrachtet werden. Es ist also wahr, dass Menschen den Charakter einer Person natürlich nach diesen äußeren Erscheinungen beurteilen. Und darüber hinaus gibt es eine subtile Reaktion der äußeren Manifestationen auf die psychischen Zustände des Menschen. Der Gang, die Haltung und das Verhalten beeinflussen die geistige Einstellung, wie wir durch die Veränderung dieser äußeren Erscheinungen und die Notiz unserer veränderten Gefühle beweisen können. Wie jemand gesagt hat: "Das Bewusstsein, gut gekleidet zu sein, vermittelt eine gewisse Gelassenheit und Ruhe, die uns selbst die Religion manchmal nicht schenkt."

Und, was die körperliche Haltung etc. betrifft, hören Sie, was uns einige angesehene Psychologen sagen. Prof. Halleck sagt: "Durch das Hervorbringen eines bestimmten Gesichtsausdrucks können wir oft das damit verbundene Gefühl hervorrufen." Prof. James sagt: "Das Pfeifen, um den Mut aufrechtzuerhalten, ist keine bloße Redewendung. Sitzen Sie dagegen den ganzen Tag in einer trübseligen Haltung, seufzen Sie und antworten Sie auf alles mit einer düsteren Stimme, und Ihre Melancholie bleibt bestehen. Es gibt kein wertvolleres Gebot in der moralischen Erziehung als dieses: Wenn wir unerwünschte emotionale Tendenzen in uns selbst überwinden wollen, müssen wir eifrig und vor allem kaltblütig die Äußerlichkeiten jener entgegengesetzten Verhaltensweisen, die wir kultivieren wollen, durchlaufen. Glätten Sie die Stirn, erhellen Sie das Auge, ziehen Sie den Rücken- statt den Bauchteil des Körpers zusammen, sprechen Sie in Dur, geben Sie das angenehme Kompliment weiter, und Ihr Herz muss in der Tat frigide sein, wenn es nicht allmählich auftaut.

Dr. Woods Hutchinson sagt: "Inwieweit Muskelkontraktionen Emotionen konditionieren, wie Prof. James vorgeschlagen hat, lässt sich leicht durch ein kleines Experiment an einer Gruppe der kleinsten willkürlichen Muskeln des Körpers, die den Augapfel bewegen, testen. Wählen Sie eine Zeit, in der Sie ruhig in Ihrem Zimmer sitzen, frei von allen störenden Gedanken und Einflüssen. Dann stehen Sie auf und nehmen Sie eine leichte Position ein, werfen Sie die Augen nach oben und halten Sie sie dreißig Sekunden lang in dieser Position. Sofort und unwillkürlich werden Sie sich einer Tendenz zu ehrfürchtigen, hingebungsvollen, kontemplativen Ideen und Gedanken bewusst. Dann drehen Sie die Augen zur Seite und blicken durch halb geschlossene Lider direkt nach rechts oder links. Innerhalb von dreißig Sekunden werden Bilder von Misstrauen, Unbehagen oder Abneigung ungebeten in den Geist aufsteigen. Drehen Sie die Augen auf die eine Seite und leicht nach unten, und Andeutungen von Eifersucht oder Koketterie werden dazu neigen, ungeheuerlich zu erscheinen. Richten Sie den Blick nach unten auf den Boden, und Sie werden wahrscheinlich in einen Anfall von Träumerei oder Abstraktion geraten. Maudsley sagt: "Die spezifische Muskelaktion ist nicht nur ein Exponent der Leidenschaft, sondern ein wesentlicher Teil davon. Wenn wir versuchen, während die Züge im Ausdruck einer Leidenschaft fixiert sind, im Geist eine andere Leidenschaft hervorzurufen, werden wir es unmöglich finden, dies zu tun."

In Anbetracht der obigen Aussagen können wir leicht erkennen, wie wichtig es ist, jene äußeren Formen zu kultivieren, die mit wünschenswerten seelischen Zuständen oder Gefühlen zusammenhängen. Indem wir das tun, erwecken wir in unserem Geist diese besonderen Zustände oder Gefühle. Und darüber hinaus neigen wir dazu, andere durch den Besitz der mit uns zusammenhängenden geistigen Eigenschaften zu beeindrucken. Der äußere Gesichtsausdruck eines Menschen ist ein mächtiges Instrument der Suggestion gegenüber anderen, und Menschen werden unbewusst und instinktiv davon beeinflusst, zu unserem Vorteil oder Nachteil. Betrachten wir daher kurz die allgemeinen Prinzipien, die dem persönlichen Ausdruck zugrunde liegen, in der angegebenen Richtung.

*Stehen und Gehen.* Im ersten Teil des vorhergehenden Kapitels haben wir Ihnen unter dem Untertitel "Selbstachtung" den Rat einer guten Autorität bezüglich der richtigen Bewegung gegeben. Der Schlüssel ist: Bewegen Sie sich so, dass Sie Ihre Selbstachtung, Ihre Haltung und Ihre Rücksichtnahme auf andere zeigen. Eine andere Autorität gibt die folgenden Anweisungen für die richtige Position im Stehen: "(1) Absätze zusammen; (2) Kopf hoch, mit leicht eingezogenem statt vorstehendem Kinn; (3) Augen nach vorne; (4) Schul-

34

tern nach hinten geworfen, aber nicht erhoben; (5) Brust ausgedehnt; (6) Bauch leicht eingezogen und nicht vorstehend; (7) Arme natürlich zu den Seiten fallen lassen, wobei die kleinen Finger leicht die Seiten des Oberschenkels berühren. Das mag Ihnen zunächst ein wenig steif und unbeholfen erscheinen, aber wenn Sie beharrlich bleiben, wird es sich bald als zweite Natur bei Ihnen etablieren".

Eine andere Autorität sagt: "Die einfachste Art und Weise, sich eine korrekte Haltung anzueignen, besteht darin, sich vorzustellen, dass man mit einer Leine von oben herabhängt, wobei das unterste Ende der Leine am unteren Ende des Brustbeins befestigt ist. Wenn Sie so stehen und gehen, als ob Sie so aufgehängt wären, wird das Ergebnis sein, dass Sie einen leichten, graziösen, gleitenden Gang, eine korrekte Haltung und eine natürliche Position erreichen. Eine andere Autorität gibt folgenden Ratschlag: "Die folgende Methode, wenn sie beim Gehen und Stehen beobachtet wird, wird Ihnen eine wünschenswerte körperliche Haltung vermitteln und wird Sie beim Gehen aufrecht und in einer anmutigen Haltung halten: Stehen Sie mit dem Rücken zur Wand, wobei die Fersen, Beine, Hüften, Schultern und der Hinterkopf die Wand berühren und das Kinn leicht eingezogen ist. Drücken Sie sich fest gegen die Wand. Sie werden sich in einer unbequemen, unnatürlichen und falschen Position befinden. Dann, indem Sie Ihre Fersen an der Wand halten, lassen Sie Ihren Körper nach vorne in eine natürliche Position schwingen, achten Sie darauf, dass der Körper in der gleichen 'Form' festbleibt, vermeiden Sie Entspannung, schwingen Sie sich allein von den Knöchelgelenken aus nach vorne. Wenn Sie feststellen, dass Sie die richtige, natürliche Position erreicht haben, halten Sie diese und marschieren Sie in der natürlichen, normalen, gut ausbalancierten Gehposition vorwärts. Üben Sie dies wiederholt, mehrmals täglich, bis Sie sich die Gewohnheit vollständig angeeignet haben."

*Hände schütteln.* Wenn Sie die Hand eines anderen beim "Händeschütteln" ergreifen, tun Sie das nicht auf eine lustlose, kaltblütige Art und Weise - reichen Sie dem anderen Mann nicht eine schlaffe, klamme, fischähnliche Hand. Sondern nehmen Sie seine Hand, als ob Sie es gerne tun würden - interessieren Sie sich für das Anliegen. Mehr als nur mit diesem Gefühl. Legen Sie dieses Gefühl in die Hand: "Ich mag Sie, und Sie mögen mich." Dann, wenn Sie Ihre Hand wegziehen, lassen Sie Ihre Finger möglichst streichelnd über seine Handfläche gleiten, lassen Sie seinen ersten Finger zwischen

Daumen und Zeigefinger passieren, dicht im Daumenschritt. Üben Sie dies gut, bis Sie es ohne zu denken ausführen können. Sie werden Nutzen aus dieser Methode ziehen. Greifen Sie die Hand des anderen, "als wäre er der millionenschwere Schwiegervater Ihres Lieblings-Mädchens".

*Die Stimme.* Der Verkäufer sollte eine Stimme mit Ausdruck darin pflegen. Seine Stimme sollte seinen Glauben an das, was er sagt, und sein Interesse an der Geschichte vermitteln. Sie werden es als Hilfe in dieser Richtung empfinden, wenn Sie lernen, Ihre Gedanken zu visualisieren - das heißt, sich ein mentales Bild von dem zu machen, was Sie sagen. Man kann das, was sie vor sich sehen, immer besser beschreiben. In dem Maße, in dem Sie Ihr mentales Bild sehen können, wird auch Ihr Ausmaß an Kraft, wie Sie es einem anderen in Worten mitteilen können, und so wird auch das Maß an Gefühl in Ihrem Tonfall sein. Die Stimme sollte die Bedeutung Ihres Gedankens ausdrücken und nicht nur das Symbol dafür sein. Versuchen Sie, "Guten Morgen" zu sagen, als ob Sie es meinen - sagen Sie es dann auf die übliche Art und Weise. Sehen Sie den Unterschied? Werfen Sie Ihre Gedanken und Gefühle in Ihre Stimme. Vergessen Sie sich und den anderen Menschen und konzentrieren Sie Ihre Gedanken und Gefühle in Ihrer Stimme.

Viele Leute machen den Fehler, "mit den Muskeln zu sprechen, statt mit den Nerven." Sie werfen muskuläre Energie in ihre Worte, wenn sie Nervenenergie oder Gedankenkraft einsetzen sollten. Ersteres hat nur geringe Auswirkungen auf den Verstand des anderen, während das Zweite subtil vibriert und die Gefühle der Angesprochenen erreicht. Fühlen Sie, wenn Sie eindrucksvoll sprechen wollen, und Ihre Töne werden dasselbe widerspiegeln und bei anderen ein ähnliches Gefühl hervorrufen. Es ist ein Punkt, an den man sich erinnern sollte, dass man die Stimme einer erregten Person auf die eigene Tonhöhe "herunterbringen" kann, wenn diese fest in der gewohnten Tonhöhe gehalten wird. Dadurch wird nicht nur die Stimme des anderen "heruntergebracht", sondern auch seine Gefühle, und außerdem schafft man es, seine eigene Beherrschung und Haltung zu bewahren. Erhebe niemals deine Stimme, weil ein anderer seine Stimme erhebt, um der Tendenz zu widerstehen, und bewahre dadurch deine Haltung und Kraft. Das ist es wert, sich daran zu erinnern.

*Die Augen.* Lerne, den Menschen in die Augen zu schauen, wenn du mit ihnen sprichst. Nicht starrend, sondern fest, höflich und leicht. Das kann man sich mit ein wenig Übung aneignen. Üben Sie an sich selbst im Spiegel, wenn Ihnen das lieber ist. Ein wechselnder, unruhiger Blick macht einen schlechten Eindruck, während ein fester, ehrlicher Blick die Menschen zu Ihren Gunsten neigen wird. Sie werden feststellen, dass starke Männer - Männer, die andere beeinflussen - fast immer einen festen, starken Blick haben. Es ist es wert, sich diese persönliche Eigenschaft durch Übung, Arbeit und Zeit anzueignen.

*Die Kleidung.* Ein Mann wird sehr oft an seiner Kleidung erkannt oder zumindest danach beurteilt. Der Verkäufer sollte auf diesen Punkt des persönlichen Ausdrucks achten, da es viel für oder gegen ihn zählen wird. Der erste Punkt, an den man sich erinnern sollte, ist, dass Sauberkeit die erste Voraussetzung für die Kleidung ist. Halten Sie Ihre Kleidung sauber und gut gebügelt. Halten Sie vor allem Ihre Wäsche sauber, denn nichts in der Kleidung wirkt so sehr gegen einen Mann wie verschmutzte Wäsche. Ein weiterer wichtiger Punkt ist, die Extremitäten gut bekleidet zu halten - das heißt, Kopf, Füße und Hände. Ein verschmutzter oder abgetragener Hut, ein verschmutzter oder ausgefranster Kragen, ein altes oder unpoliertes Paar Schuhe, zerlumpte Ärmel oder ausgefranste Manschetten - diese Dinge fallen leichter auf und sind für einen Mann wichtiger als ein schäbiger Anzug. Besser ein alter Anzug gut gebürstet, mit einem guten Hut, Schuhen und sauberen Manschetten - als die Umkehrung.

Man sollte immer so gute Kleidung tragen, wie es die Mittel erlauben, und so, wie es dem Beruf und der Stellung entspricht. Die Regel ist, so hochwertiges Material wie möglich zu bekommen und im Rahmen des vorherrschenden Stils angemessen zu tragen - aber alle Extreme oder phantasievollen Designs zu vermeiden. Ein gut gekleideter Geschäftsmann sollte weder den Anschein von Schäbigkeit noch von "Verkleidung" erwecken. Er sollte den Anschein von allgemeiner Sauberkeit erwecken, ohne besondere Aufmerksamkeit auf seine Kleidung zu lenken. Wenn die Kleidung eines Mannes einen besonders anzieht, ist dieser Mann nicht gut, sondern entweder schlecht oder übertrieben gekleidet. Die " gute Mitte " zwischen den beiden Extremen ist zu suchen. Polonius' Ratschlag an seinen Sohn ist es wert, auswendig zu lernen: "Wertvoll ist die Kleidung, die du dir kaufen kannst, aber nicht in Fantasie ausgeführt; reich, nicht bunt; denn die Kleidung verkündet oft den Mann."

*Details der Erscheinung.* Persönliche Sauberkeit und Sauberkeit sind Voraussetzungen für den Verkäufer, der einen günstigen Eindruck machen will. Es gibt nichts, was den durchschnittlichen Geschäftsmann so sehr gegen einen neuen Kunden beeinträchtigen könnte, wie der Anschein der Vernachlässigung der persönlichen Pflege. Der Körper sollte gut gebadet sein; die Haare geschnitten und ordentlich gebürstet; das Gesicht sauber rasiert; die Zähne gut gebürstet; die Nägel sauber; die Schuhe poliert; die Krawatte und der Kragen sauber; die Kleidung gebürstet. Vermeiden Sie den Geruch von Alkohol oder Tabak im Atem, und meiden Sie als verhängnisvoll den Geruch von starkem Parfüm auf der Kleidung oder dem Taschentuch. Die gelben Flecken der Zigarette, die sich an den Fingern zeigen, und der ekelhafte Geruch, der an der Zigarettengewohnheit haftet, haben manchem Mann eine vorteilhafte Stellung genommen. Die Zigarette ist für viele Männer, die andere Formen von Tabak rauchen, "tabu". Diese Dinge werden vom Käufer instinktiv als Manifestationen des Geistes des Verkäufers - ein Teil seiner Persönlichkeit - erkannt, und das zu Recht, denn wenn man den Geist höher als sie stellt, manifestieren sie sich nicht. All diese Dinge dienen dazu, den Eindruck zu formen, den eine Person beim ersten Treffen immer auf eine andere macht, und die so viel damit zu tun hat, sich eine vorteilhafte Aufmerksamkeit während der Annäherungsphase des Verkäufers zu sichern.

38

# KAPITEL IV DIE MENTALITÄT DES KÄU-FERS

Das zweite wichtige Element bei einem Verkauf ist die Psyche des Käufers. Im Geist des Käufers wird der Kampf des Verkaufs ausgefochten. Innerhalb seiner Grenzen manifestieren sich die Entwicklungen, die den Erfolg oder den Verlust des Geschäftes bedeuten. Wie ein Autor zu diesem Thema sagte: "Das Gehirn des Käufers ist das Spielbrett, auf dem das Spiel gespielt wird. Die Funktionen des Gehirns werden von den Personen gesteuert. Der Verkäufer bewegt oder lenkt diese Fähigkeiten, wie er Schachfiguren oder Damesteine auf einem Brett spielen würde." Um den Boden zu verstehen, auf dem Ihr Kampf ausgetragen werden muss, und die mentalen Elemente, die Sie bekämpfen, überzeugen, bewegen, schieben oder locken müssen, müssen Sie die verschiedenen Facetten des Geistes verstehen, ebenso wie den Geist als Ganzes. Betrachten wir also die verschiedenen geistigen Eigenschaften, die von einem Käufer aktiv im geistigen Prozess eines Kaufs eingesetzt werden.

*Die Qualität.* Betrachten wir zunächst einmal das, was die Phrenologen "Qualität" nennen, mit dem sie die verschiedenen Grade der Feinheit oder Grobheit in der mentalen Verfassung eines Menschen ausdrücken, die normalerweise durch sein Aussehen und seine physischen Eigenschaften angezeigt werden. Diese "Qualität" eines Menschen ist vergleichbar mit dem, was wir bei den höheren Tieren "Klasse", "Zucht" oder "Blut" nennen. Sie ist schwer zu erklären, wird aber allgemein anerkannt. An einem Extrem von "Qualität" finden wir jene Individuen, die eher zart, kultiviert, nervös und intensiv sind und dazu neigen, für emotionale oder sentimentale Einflüsse, Poesie, Musik usw. empfänglich zu sein, und die dazu neigen, mehr oder weniger unpraktisch zu sein und nicht mit der materiellen Welt der Menschen und Angelegenheiten in Einklang zu stehen. Am anderen Extrem finden wir jene Individuen, die grobkörnig sind, von grobem und unraffiniertem Geschmack, tierisch, roh, unraffiniert und allgemein "schweinisch". Zwischen diesen beiden Extremen finden wir viele Grade in der Skala. Die äußeren physischen Zeichen der Person, wie die Grobheit oder Feinheit der Haut, Haare, Nägel, Ohren und Gesichtszüge, sowie die allgemeine Form und Charakteristika, geben dem aufmerksamen Beobachter normalerweise den Schlüssel zum Grad der "Qualität" eines Menschen. Es wird dem Verkäufer gut tun, sich mit diesen Eigenschaften vertraut zu machen, denn sie werfen viel Licht auf den allgemeinen Charakter der Menschen.

Als Nächstes folgen die sogenannten Temperamente, mit denen die Phrenologen die allgemeinen Klassen bezeichnen, in die die Menschen passen. In der Regel aber manifestiert ein Individuum die Elemente mehrerer Temperamente, das heißt, sie verschmelzen in ihm. Die besten phrenologischen Autoritäten klassifizieren die Temperamente wie folgt: *(1) Das Vitale; (2) Das Motorische; (3) Das Mentale;* deren Eigenschaften wie folgt beschrieben werden:

*Das vitale Temperament.* Dieses Temperament wird durch ein Überwiegen der rein physischen oder "tierischen" Neigungen angezeigt. Diejenigen, bei denen es vorherrscht, zeichnen sich durch einen runden Kopf, breiten Raum zwischen den Augenwinkeln und den Ohren, seitlichen Kopf voll, breite Stirn (nicht unbedingt hoch) aus. Sie sind im Allgemeinen fleischig und sehen "gut genährt" aus, neigen zu breiten Schultern und tiefem Brustkorb und haben einen "Stiernacken" - prächtige Tiere, in der Tat. Ihre geistigen Eigenschaften sind die Liebe zum Essen und Trinken und zum tierischen Komfort; Impulsivität, Ungestüm, Herzlichkeit, schnelles Temperament, Eifer und Leidenschaft, oft schlau und listig, aber ohne große Tiefe, anfällig für Schmeicheleien und appellieren an egoistische Emotionen und Vorurteile und liebende Freude. Sie sind im Allgemeinen egoistisch und greifen nach dem, was für ihr Vergnügen und ihr körperliches Wohlbefinden sorgt. Sie versuchen, "alles zu bekommen, was ihnen zusteht", neigen aber gleichzeitig zur Geselligkeit und wünschen sich, als "gute Kameraden" angesehen zu werden. Sie sind meist erregbar und geraten leicht aus dem Gleichgewicht. Diejenigen, bei denen dieses Temperament fehlt, zeigen körperliche Eigenschaften, die den oben genannten entgegengesetzt sind, und sind mehr oder weniger blutarm oder unblutig und zeigen einen Mangel an Vitalität und körperlichem Wohlbefinden. Diejenigen, bei denen dieses Temperament vorherrscht, sind gute Metzger, Hoteliers, Kapitäne, Lokomotivführer, Händler, Politiker, Unternehmer usw. Sie werden eher durch ihre Gefühle als durch ihren Intellekt erreicht.

*Das motorische Temperament.* Dieses Temperament zeigt sich durch ein Übergewicht an Muskelkraft, Ausdauer, Zähigkeit und Aktionskraft. Diejenigen, bei denen es vorherrscht, zeichnen sich durch eine allgemeine Magerkeit und Sparsamkeit aus; stark ausgeprägte und hervorstehende Züge, meist mit einer großen Nase und hohen Wangenknochen; große und starke Zähne; große Gelenke und Knöchel - die physischen Eigenschaften von Abraham Lincoln, in der Tat. Ihre mentalen Eigenschaften sind Entschlossenheit, Ausdauer, Kampflust, Zerstörungswut, Ausdauer, Gründlichkeit, Management, Führungsfähigkeit, Schaffenskraft, Sturheit, Widerstandskraft und oft ein unbezähmbarer Geist. Ihre Emotionen liegen nicht an der Oberfläche, aber wenn sie einmal erregt sind, sind sie stark und ausdauernd. Sie kommen langsam in Zorn, aber sie sind gute Kämpfer und werden bis zum Ende bleiben. Sie sind im Allgemeinen schlau und gewitzt, instinktiv. Sie sind die aktiven und ausdauernden Arbeiter der Welt. Es ist dieses Temperament in einem, das seine Triebkraft liefert - seine Fähigkeit und seinen Arbeitssinn. Diejenigen, denen dieses Temperament fehlt, zeigen körperliche Eigenschaften, die den oben genannten entgegengesetzt sind, und sind dementsprechend abgeneigt gegenüber Arbeit und Anstrengung jeder Art.

*Das geistige Temperament.* Dieses Temperament zeigt sich durch ein Übergewicht an Nervenkraft, geistiger Aktivität, Denkfähigkeit, Vorstellungskraft und einer Entwicklung des Gehirns und nicht durch körperliche Stärke oder körperliche Aktivität. Diejenigen, bei denen es vorherrscht, zeichnen sich durch einen leichten Körperbau, kleine Knochen und Muskeln, eine allgemeine Feinheit der Struktur, schnelle Bewegungen, Anzeichen nervöser Energie, scharfe Züge, dünne Lippen, eine dünne, fein geformte und oft spitze Nase, eine hohe Stirn und ausdrucksstarke Augen aus. Ihre mentalen Eigenschaften sind Aktivität in den Denkprozessen, aktive Phantasie, Anfälligkeit für Störungen durch unangenehme Umgebung und geschmacklose Gesellschaft, Liebe zur mentalen Aktivität und oft eine Abneigung gegen körperliche Aktivität, Sensibilität, Extreme von Gefühl und Emotion, eifrig und enthusiastisch, und die allgemeinen Eigenschaften, die im Volksmund als "temperamentvoll" bezeichnet werden. Diejenigen, bei denen dieses Temperament fehlt, zeigen Eigenschaften, die den oben genannten entgegengesetzt sind, und sind der geistigen Aktivität abgeneigt.

*Gemischte Temperamente.* Fast jedes Individuum besitzt die drei Temperamente in verschiedenen Proportionen und Kombinationen gemischt. In manchen Fällen überwiegt ein Temperament weitgehend und verleiht uns die charakteristischen Merkmale dieser Klasse. Aber in anderen herrschen oft zwei Temperamente vor, so dass das dritte sich kaum bemerkbar macht. In anderen sind die drei so gut miteinander vermischt und ausgeglichen, dass das Individuum als "ausgeglichenes" Temperament bezeichnet wird - dies wird als ideale Bedingung angesehen.

Prof. Fowler, eine der alten Autoritäten in der Phrenologie, sagt über die vermischten Temperamente: "Übermäßiges Bewegungsmotiv mit mangelndem Mentalen gibt Kraft und Trägheit, so dass die Talente schlummern. Übermäßiges Vitales gibt körperliche Kraft und Freude, aber zu wenig vom Geistigen und Moralischen, zusammen mit Grobheit und Animalität. Exzessives Geistiges verleiht dem Körper zu viel Geist, zu viel Sentimentalität und Erlesenheit, zusammen mit der Prekarität des Gewächshauses. Während ihr ausgeglichenes Gleichgewicht einen Überfluss an Lebensenergie, körperlicher Ausdauer und geistiger Kraft und Anfälligkeit verleiht. Man kann sie mit den verschiedenen Teilen eines Dampfschiffes und seinen Anbauten vergleichen. Das Vitale ist die Dampfmaschine; das Bewegende, der Rumpf oder das Rahmenwerk; das Geistige, die Fracht und die Passagiere. Das Vitale überwiegt, erzeugt mehr tierische Energie als gut abgearbeitet werden kann, und verursacht Unruhe, übermäßige Leidenschaft und einen Druck, der Ausbrüche und offene Aktionen gefährdet; das vorherrschende Motiv gibt zu viel Masse oder Rumpf; bewegt sich langsam und ist bei schwachem Geistigen zu leicht, um die großen Lebensziele zu sichern; das vorherrschende Geistige überlastet und riskiert das Untergehen; aber alle gleich ausgeglichen und kraftvoll, tragen große Lasten schnell und gut und vollbringen Wunder. Solche Personen vereinen kühles Urteilsvermögen mit intensiven und gut beherrschten Gefühlen; große Charakter- und Intellektkraft mit vollkommener Konsequenz; Gelehrsamkeit mit gesundem gesunden Menschenverstand; weitblickende Scharfsinnigkeit mit Brillanz; und haben die höchste Stufe sowohl der Physiologie als auch der Mentalität".

Der Verkäufer sollte sich gründlich mit den Eigenschaften jedes der drei Temperamente vertraut machen und auch lernen, sie zu analysieren, wenn sie vermischt und in Kombination auftreten. Das Verständnis des Temperaments eines Menschen gibt oft den Schlüssel zu seinem allgemeinen Charakter und seiner Veranlagung, was für den Verkäufer von größtem Vorteil sein wird. Viele Studierende der menschlichen Natur widmen ihre ganze Aufmerksamkeit dem Studium der verschiedenen Fakultäten des Geistes und ignorieren dabei die Kraft und Wirkung der Temperamente. Wir halten dies für einen Fehler, denn eine gründliche Kenntnis der Temperamente gibt einen allgemeinen Schlüssel zum Charakter, und es ist eine Tatsache, dass ein guter Phrenologe bei einem bestimmten Temperament oder einer Kombination davon im Allgemeinen in der Lage sein wird, die Fähigkeiten anzugeben, die sich in der Vorherrschaft eines solchen Charakters finden lassen. Und da der durchschnittliche Verkäufer nicht die Zeit aufbringen kann, um ein erfahrener Phrenologe zu werden, wird man sehen, dass eine korrekte Kenntnis der Temperamente ihm seine bestmögliche Kenntnis des Charakters gibt.

Betrachten wir nun die verschiedenen Gruppen von geistigen Fähigkeiten, die sich beim Käufer in seinem Geschäftsbetrieb manifestieren und die der Verkäufer verstehen sollte, damit er den daraus resultierenden Impulsen im Kopf des Käufers erfolgreich begegnen kann. Unsere Betrachtung dieser Gruppen von Fähigkeiten muss notwendigerweise kurz sein, aber wir werden die wesentlichen Merkmale einbeziehen.

*Die sozialen Kompetenzen.* Zu dieser Gruppe von Fähigkeiten gehören: Freundschaft oder Sexualität; Konjugation oder eheliche Neigung; Elternliebe oder die Liebe zu den Kindern; Freundschaft oder die Liebe zur Gesellschaft; Inhabitation oder die Liebe zur Heimat. Die Phrenologie lehrt, dass diese Gruppe von Organen den unteren hinteren Teil des Kopfes einnimmt und den Anschein erweckt, als ob sie sich hinter den Ohren wölbt.

Die *Amativität oder Sexualität*, wenn sie hoch entwickelt ist, bewirkt, dass man der Anziehung des anderen Geschlechts ausgeliefert ist. Während sie normalerweise eine würdige Rolle im Leben spielt, äußert sich ihre übermäßige Entwicklung in Zügellosigkeit, und wenn sie mangelhaft ist, in einer Abneigung gegen das andere Geschlecht oder in Kälte und Zurückhaltung. Personen, bei denen diese Fähigkeit im Übermaß vorhanden ist, vernachlässigen das Geschäft für die sexuelle Anziehung und lassen sich dadurch "ablenken". Wenn Sie mit einem solchen Menschen handeln, halten Sie ihn von diesem speziellen Thema fern, sonst wird er Ihnen seine Aufmerksamkeit nicht schenken.

Die *Konjugalität oder eheliche Neigung*, wenn sie hoch entwickelt ist, bewirkt, dass man weitgehend von seinem Ehepartner beeinflusst wird. Ein Mann dieser Art wird weitgehend von den Wünschen, dem Geschmack und den Sehnsüchten seiner Frau bestimmt werden, und wenn seine Frau das "sagt", ist die Schlacht gewonnen. Manche Männer haben zwar eine weitgehend entwickelte amouröse Beziehung, aber nur eine kleine Konjugalität, und wenn die eine Liebe nicht zufriedenstellend ist, wird eine solche durch eine andere ersetzt - eine "Beziehung" ersetzt die Ehefrau.

Die *Elternliebe oder die Liebe zum Nachwuchs*, wenn sie hoch entwickelt ist, veranlasst einen dazu, seine Kinder zu vergöttern und durch sie beeinflusst zu werden. Solche Männer neigen dazu, Anekdoten über ihre Kinder zu erzählen und die Zuhörer mit Aufführungen von kindlicher Helligkeit und Frühreife zu langweilen. Im Allgemeinen haben sie Fotos ihrer Kinder auf ihren Schreibtischen. Ein Appell an die Interessen der Kinder erreicht immer die Aufmerksamkeit und das Interesse dieser Menschen.

Die *Freundschaft, oder die Liebe zur Gesellschaft*, wenn sie hoch entwickelt ist, veranlasst einen dazu, die Gesellschaft zu suchen, Freundschaftsbindungen zu bilden, soziale Vergnügungen zu genießen, denen, die sie mögen, Gefallen zu tun, sich zu unterhalten und unterhalten zu lassen. Solch ein Mann wird eher geneigt sein, seine Geschäfte auf Vorlieben und Bekanntschaften zu gründen, als auf Vernunft oder Urteilsvermögen, und er wird vergleichsweise leicht von denen, die er mag, überzeugt werden können. Ein Anschein von Geselligkeit zieht sie im Allgemeinen zu denen, die sie zeigen. Die Qualität der "guten Kameradschaft" spricht diese Klasse an.

Die *Inhabitation oder Heimatliebe*, wenn sie hoch entwickelt ist, bewirkt, dass man sich an Orte, Lokalitäten und Vereine bindet. Ein solcher Mann wird voller Patriotismus, Lokalstolz und Vorurteile und Provinzialismus sein. Er wird jede offensichtliche "Verunglimpfung" seines Ortes übel nehmen und jede positive Bemerkung über seinen Heimatort und seine Umgebung zu schätzen wissen. Diese Menschen sind wie Katzen, die eher an Orten als an Menschen hängen. Ihre Umgebung ist gewöhnlich ihre Vorstellung von "ihrem Land".

*Die egoistischen Fähigkeiten.* Zu dieser Gruppe von Fähigkeiten gehören: Lebensfreude oder Liebe zum Leben; Kampflust oder Liebe zum Widerstand; Zerstörungswut oder Liebe zum Durchbruch; Nahrung oder Liebe zum Essen; Lebensfreude oder Liebe zum Trinken; Wissbegierde oder Liebe zum Erkenntnisgewinn; Verschwiegenheit oder List; Vorsicht oder Besonnenheit; Bestätigung oder Liebe zum Lob; Selbstachtung oder Selbstvertrauen. Die Phrenologie lehrt, dass diese Gruppe von Elementen die Seiten des hinteren Teils des Kopfes einnimmt.

*Lebensfreude oder Liebe zum Leben*, wenn sie hoch entwickelt ist, bewirkt, dass man eine Entschlossenheit zum Leben und eine große Angst vor dem Tod zeigt. Alles, was erhöhte Gesundheit oder ein langes Leben verspricht, wird diese Menschen stark anziehen, und alles, was die Angst vor Krankheit oder Tod weckt, wird sie stark beeinflussen. Diese Menschen sind ausgezeichnete Kunden für Gesundheitsgeräte, Bücher über Gesundheit, etc.

*Kampfeslust oder die Liebe zur Gegnerschaft*, wenn sie hoch entwickelt ist, verursacht den Wunsch nach einem "Kampf" oder einem Streit oder einer Debatte. Mit diesen Menschen kann man am besten umgehen, indem man sie scheinbar im Streit gewinnen lässt und sie dann dazu bringt, das vorzuschlagen, was der Verkäufer die ganze Zeit im Kopf hatte. Diese Leute können geführt oder überredet werden, aber niemals getrieben. Bei ihnen ist es immer ein Fall von "Zucker fängt mehr Fliegen als Essig", oder von der heißen Sonne, die den Mann dazu bringt, den Mantel fallen zu lassen, den der heftige Nordwind nicht von ihm wegblasen konnte. Ein Mann dieser Art wird sich so sehr freuen, einen anderen in einem Streit über eine Nebensache zu schlagen, dass er die Hauptsache vergisst und sich mit Humor überreden lässt. Vermeiden Sie immer eine direkte Auseinandersetzung oder einen Streit mit diesen Leuten über wichtige Punkte - sie werden sich von ihrem Stolz auf den Kampf ihr Urteilsvermögen vernebeln lassen. Aber sie werden bereit sein, denen Gefälligkeiten zu gewähren, von denen sie glauben, sie hätten sich in der Auseinandersetzung abgemüht.

*Destruktivität oder die Liebe zum Durchbruch*, wenn sie hoch entwickelt ist, bewirkt, dass man große Freude daran hat, Dinge auf neue Weise zu tun; dass man Präzedenzfälle löst und sich der Autorität widersetzt, und dass man Hindernisse überwindet. Wenn Sie diesen Geist in einem solchen Menschen wecken können, indem Sie ihm zeigen, wie er diese Dinge mit Ihren Gütern tun kann, wird er sich anpassen. Ein solcher Mensch kann sofort an jedem Vorschlag interessiert sein, der ihn befähigt, hier etwas auf eine neue Art und Weise zu tun - sich gegen Widerstände oder etablierte Gewohnheiten zu wehren - oder gegensätzliche Hindernisse zu überwinden. Der Grundgedanke dieser Fähigkeit ist: "Macht Platz."

Die *Ernährung oder die Liebe zum Essen*, wenn sie hochentwickelt ist, veranlasst einen dazu, zur Völlerei und Schlemmerei zu neigen und den Vergnügungen am Tisch eine übermäßige Bedeutung beizumessen. Ein Mann dieser Art "lebt, um zu essen" statt "zu essen, um zu leben", und kann durch seinen schwächsten Punkt - seinen Magen - erreicht werden. Für einen solchen Mann ist ein gutes Essen überzeugender als ein logisches Argument.

Die *Liebe zum Wein oder die Liebe zum Trinken*, wenn sie hoch entwickelt ist, führt dazu, dass man einen übermäßigen Hang zu Flüssigkeiten aller Art hat. In einigen Fällen, wo alkoholische Getränke von solchen Menschen gemieden werden, werden sie zu einem Überschuss in Richtung "Erfrischungsgetränke" wie Ginger Ale, Sodawasser usw. laufen. Daraus kann nicht geschlossen werden, dass diese Menschen die Auswirkungen von Alkohol favorisieren, da das Verlangen nach Flüssigkeiten in jeglicher Form zu bestehen scheint. Solche Menschen lassen, wenn ihr Verlangen nicht kontrolliert wird, ihren Getränkegenuss mit ihrem Urteilsvermögen und ihrer Vernunft durchgehen.

*Wissbegierde oder die Liebe zum Erkenntnisgewinn*, wenn sie hoch entwickelt ist, führt dazu, dass man sehr raffgierig, habgierig und oft geizig ist. Aber wenn sie nicht so hoch entwickelt ist, bewirkt sie, dass man einen scharfen Handelsinstinkt besitzt, und sie ist ein unerlässlicher Faktor in der geistigen Haltung des erfolgreichen Händlers. Die Menschen, bei denen sie hoch entwickelt ist, werden an jedem Vorschlag interessiert sein, der ihnen Gewinn oder Ersparnis zu versprechen scheint. Beim Handel mit einem solchen Menschen sollte man sich bemühen, den einen Punkt des Gewinns oder des Sparens immer im Auge zu behalten. In einigen Fällen wird diese Fähigkeit, die zu hoch entwickelt ist und nicht durch andere Fähigkeiten ausgeglichen wird, einen Menschen " Pfennig schlau und Pfund-dumm" machen, und er wird seinen geistigen Blick so sehr auf den kleinen Penny richten, den er nahe an seinem Auge hält, dass er den Dollar ein bisschen weiter weg nicht sehen wird. Das "Geldgespräch" ist das einzige, das diese Menschen ansprechen wird.

*Geheimhaltung oder List*, wenn sie hoch entwickelt ist, führt dazu, dass man zu Doppelzüngigkeit, Arglist, Betrug und Täuschung neigt. Es ist die "fuchsige" Fähigkeit, die, obwohl sie bis zu einem gewissen Grad nützlich ist, unerwünscht ist, wenn sie bis zum Exzess betrieben wird. Im Umgang mit einem solchen Mann sollte man sich davor hüten, seine Aussagen in vollem Umfang zu akzeptieren. Akzeptieren Sie seine Aussagen "mit einem Körnchen Salz". Diejenigen, die den Teufel mit seinem eigenen Feuer bekämpfen" wollen, können diese Leute erreichen, indem sie sie glauben lassen, dass sie zu weit gehen oder das Beste aus dem Verkäufer herausholen. Der Verkäufer, der scheinbar von diesen Leuten besiegt wird, ist sehr geschickt darin, deren Methoden im Voraus zu berücksichtigen, und hat seine Rückzugslinie im Voraus festgelegt, damit die Niederlage wirklich ein Sieg ist. Diese Leute opfern oft einen wirklichen Vorteil bei einer großen Sache, um einen kleinen Vorteil auszuspielen. Einen anderen auszutricksen, lässt sie ein Glühen des Wohlbefindens und der Selbstzufriedenheit spüren und lässt sie den Hauptpunkt der Abmachung vergessen. Ein kleiner Sieg, der so gewonnen wird, wirkt auf sie wie das gute Essen auf den alimentierenden Mann oder die Schmeichelei auf die approbative Person. Eine zu einem Exzess entwickelte Fähigkeit ist immer ein Schwachpunkt, der von anderen, die ihn kennen, genutzt werden kann.

*Vorsicht oder Umsichtigkeit* ist zwar eine bewundernswerte Eigenschaft, wenn sie sich normal entwickelt, wird aber, wenn sie hoch entwickelt ist, zu einer unerwünschten Eigenschaft. Wenn sie hoch entwickelt ist, führt sie dazu, dass man überängstlich, furchtsam, ängstlich, handlungsunfähig, panikgefährdet usw. ist. Diese Menschen müssen sorgfältig betreut werden und dazu gebracht werden, Vertrauen zu gewinnen. Man sollte im Umgang mit diesen Menschen sehr vorsichtig sein, um nicht Verdacht oder Alarm zu erregen. Man sollte sie mit größter Fairness behandeln und ihnen die Dinge, an denen sie zweifeln, vollständig erklären. In der Regel geben sie nur sehr langsam Vertrauen, aber wenn sie einmal Vertrauen in eine Person setzen, sind sie sehr geneigt, an ihr festzuhalten. Ihre Ängstlichkeit verhindert, dass sie Änderungen vornehmen, wenn das Vertrauen einmal gesichert ist. Diese Menschen können nicht "gedrängt" werden, in der Regel brauchen sie Zeit, um Vertrauen zu gewinnen. Sie sind jedoch aufgrund ihrer panischen Disposition gelegentlich einem "Ansturm" ausgesetzt, wenn sie befürchten müssen, dass bei Nicht-

Handeln ein Konkurrent die Chance bekommt oder die Preise steigen, wenn sie nicht sofort bestellen. Mit diesen Menschen muss man vorsichtig umgehen, und der Verkäufer, der ihre Natur kennt, wird für seine Mühen und Schmerzen gut belohnt werden.

*Der Wunsch nach Zustimmung oder die Liebe zum Lob*, wenn sie hoch entwickelt ist, führt dazu, dass man anfällig für Schmeicheleien ist, dass man Lob wünscht, dass man gerne "protzt" und sich zeigt, dass man eitel ist, dass man auf Kritik empfindlich reagiert und dass man im Allgemeinen egoistisch und oft überheblich ist. Diese Eigenschaft ist, wenn sie hoch entwickelt ist, eine Schwäche und gibt dem Gegner einen mächtigen Hebel zur Wirkung. Der Verkäufer verabscheut zwar insgeheim diese Eigenschaft bei einem Käufer, findet aber dennoch einen sehr leichten Zugang und eine Waffe zum Erfolg, wenn er einmal ihre Eigenschaften verstanden hat. Diese Menschen können durch ein scheinbares "Eintauchen" in ihre Meinung über sich selbst und eine Manifestation des richtigen Respekts in Art und Weise und Worten erreicht werden. Das sind die Menschen, auf die die "sanfte Seife" großzügig angewendet wird und die von einer scheinbaren Wertschätzung ihrer eigenen Vortrefflichkeit mitgerissen werden. Sie werden bereit sein, denen, die fähig sind, sie zu "verstehen" und die Existenz jener überragenden Qualitäten wahrzunehmen, die die grausame, kalte, gefühllose Welt ignoriert hat, alle möglichen Gefälligkeiten zu erweisen. Das sind die Menschen, für die das Wort "fröhlich" erfunden wurde, und die bereit sind, den verfügbaren Weltmarktbestand dieses Artikels aufzunehmen.

*Selbstachtung oder Selbstvertrauen* ist eine ganz andere Qualität als die gerade beschriebenen, obwohl viele Menschen nicht in der Lage zu sein scheinen, diesen Unterschied zu erkennen. Selbstachtung, wenn sie hoch entwickelt ist, bewirkt, dass man seine Kräfte und Qualitäten schätzt, ohne sich selbst für seine Fehler zu blind zu machen. Es gibt ein Gefühl von Eigenständigkeit, Selbstachtung, Selbstvertrauen, Würde, Selbstzufriedenheit und Unabhängigkeit. Auf die Spitze getrieben, manifestiert es sich als Hochmut, Überheblichkeit, Herrschsucht und Tyrannei. Es ist ein Merkmal der Mehrheit der erfolgreichen Männer, die ihren Weg aus eigener Kraft geschafft haben. Diese Menschen bestehen darauf, ihren eigenen Weg zu gehen und ihren eigenen Verstand zu gebrauchen - sie nehmen scheinbaren Einfluss oder Vorschläge übel und lehnen oft ab, nur weil sie glauben, dass man sich bemüht, sie dazu zu zwingen. Der beste Weg, mit diesen Leuten umzugehen, ist, ihr Recht, selbstständig zu denken, sowohl in Ihrer Art und Weise, als auch in Ihrem Ton und Ihren Handlungen, offen anzuerkennen und ihnen das Angebot in einer unpersönlichen Weise zu präsentieren, wobei sie die ganze Angelegenheit offenbar ihrem guten Urteil überlassen. Ein logischer Appell spricht sie an, vorausgesetzt, Sie machen nicht den Fehler, sich ihnen als Gegner in der Argumentation entgegenzustellen. Sie mögen ihnen gegenüber die Rolle des Anwalts spielen, aber denken Sie daran, dass sie immer die Rolle des Richters spielen wollen, und nicht die des gegnerischen Anwalts. Wenn ihnen eine Sache so subtil vorgeschlagen wird, dass sie glauben, sie hätten sie selber gewollt, werden sie ihr den Vorzug geben. Geben Sie ihnen immer eine Chance, den Punkt selbst zu überdenken - sie mögen es. Man muss sich nicht vor diesen Leuten ducken oder ihnen schmeicheln. Man muss nur seine eigene Selbstachtung aufrechterhalten, sie aber gleichzeitig ein wenig vor sich gehen lassen oder nur ein wenig höher stehen lassen - das ist alles, was sie brauchen, damit sie sich wohlfühlen. Sie ziehen es vor, ein wenig höher oder einem starken Menschen voraus zu sein, als einem Schwächling - das ist für sie ein größeres Kompliment. Sie schätzen denjenigen, der sie dazu zwingt, ihre schwersten Geschütze zu benutzen - der ihnen aber schließlich erlaubt, den Sieg zu erringen.

# KAPITEL V DIE MENTALITÄT DES KÄU-
# FERS (FORTSETZUNG)

Die Anwendungsmodalitäten. Dieses Kapitel besteht aus zwei Kategorien: die der Entschlossenheit oder der Entscheidung und die der Kontinuität oder der Geduld. Diese Eigenschaften, zusammen mit dem Selbstwertgefühl, befinden sich am Hinterkopf oder am hinteren oberen Teil des Kopfes.

*Die Entschlossenheit oder Entscheidung* bewirkt, wenn sie hoch entwickelt ist, dass man Stabilität, Hartnäckigkeit und Zielstrebigkeit zeigt, wobei man oft den Grad der Eigensinnigkeit, Mehrdeutigkeit und Sturheit erreicht. Diese Menschen können nicht getrieben oder zu etwas gezwungen werden. Sie sind " stark in ihrer Art und Weise, und wenn sie einmal eine Position einnehmen, sind sie sehr geneigt, an ihr "festzuhalten, egal ob richtig oder falsch". Sie sind geneigt, bis zum letzten Augenblick für das zu kämpfen, was sie als Prinzip betrachten, und werden bis zum Ende an dem festhalten, was sie für richtig halten. Der Versuch, sie mit Macht anzutreiben, ist, den Kopf gegen eine Steinmauer zu rammen. Die einzige Möglichkeit, mit diesen Leuten umzugehen, ist, sie für Ihre Seite des Geschäftsfalls zu interessieren, bevor sie sich "festgelegt" und ihre Meinung gebildet haben. Wenn sie bereits gegen Ihren Vorschlag voreingenommen sind, ist der einzige Weg, den Kampf von vorne aufzunehmen und zu versuchen, die Angelegenheit aus einem anderen Blickwinkel zu präsentieren, sodass neue Punkte präsentiert werden, die die Angelegenheit aus der alten Sichtweise herausnehmen. Diese Leute werden niemals nachgeben, wenn sie nicht sagen können: "Oh, das ändert natürlich die Sache ganz und gar," oder "Oh, das stellt die Sache in ein neues Licht" oder "Das ist eine ganz andere Sache" usw. Lassen Sie sie als Sieger der Position stehen, auf die sie " festgelegt sind", und versuchen Sie, ihr Interesse für einige neue Aspekte, Punkte oder Prinzipien zu wecken - Sie haben zumindest eine gleiche Chance, bei dem neuen Gesichtspunkt zu gewinnen, während Sie bei dem alten überhaupt keine haben. Wenn Sie jedoch Ihren Vorschlag mit einigen deren bestehenden Vorurteilen in Einklang bringen können, ob dafür oder dagegen, dann haben Sie Ihren Kampf gewonnen, denn ihre Eigenschaft der Beständigkeit wird dann zu Ihren Gunsten statt gegen sie eingesetzt werden. Sie werden Ihren Fall an deren Regeln anpassen müssen - schneiden Sie Ihr Kleidungsstück nach deren Muster. Ein störrisches und ungelenkes Pferd oder Maultier kann oft in Bewegung gesetzt werden, indem man seine Aufmerksamkeit auf eine neue Sache richtet, wie z.b. ein Stück verdrehtes Papier in sein Ohr zu stecken, sein Geschirr auf eine neue Art und Weise anpasst, etc. Das gleiche Prinzip funktioniert auch bei störrischen Menschen, die auf ihren Weg "festgelegt" sind. Bringen Sie sie von dem fraglichen Punkt ab, und sie werden sich rational verhalten. Lassen Sie sie ihre eigenen Wege zu ihren eigenen Standpunkten haben - und planen Sie dann einen Flanken- oder Rückwärtsangriff auf sie. Sie können ihre Steinmauer nicht niederreißen - Sie müssen sich entweder über sie erheben, einen Tunnel unter ihr durchschlagen oder um sie herumgehen.

*Die Kontinuität, oder Geduld*, bewirkt, wenn man hoch entwickelt ist, dass man an einer einmal begonnenen Sache "festhält"; dass man Geduld und Ausdauer zeigt und seine Gedanken auf eine Sache konzentriert und andere ausschließt. Es ist schwierig, diese Menschen für neue Dinge zu interessieren - sie misstrauen instinktiv der neuen Idee oder Sache und klammern sich an die alte. Diese Menschen sind sehr konservativ und mögen keine Veränderungen. Mit ihnen kann man am besten umgehen, indem man es vermeidet, sie mit völlig neuen Dingen zu schockieren, und indem man die neuere Idee oder Sache sorgfältig an die alte anhängt, sodass sie ein Teil von letzterer zu sein scheint. Neue Dinge unter alten Namen stören diese Menschen nicht so sehr wie alte Dinge unter neuen Namen - es ist die Form und der Name, nicht die Substanz mit ihnen. Alten Wein in neuen Flaschen verabscheuen sie - aber neuen Wein in alten Flaschen werden sie dulden. Argumente, die auf "altbewährten" Dingen oder "guten alten" Dingen basieren, sprechen sie an. Die Dinge müssen "respektabel", "gut etabliert", "altbewährt", "keine neumodische Vorstellung" usw. sein, um sie anzusprechen. Hüten Sie sich davor, neue und erschreckende Veränderungen an ihnen auszuprobieren - sie werden sofort gegen Sie voreingenommen sein. Wenn Sie sich ihren Vorstellungen anschließen, werden sie ausgezeichnete Freunde und Stammkunden sein. Die Worte "konservativ" und "etabliert" klingen in ihren Ohren gut. Im Gegenteil, Menschen, denen diese Fähigkeit fehlt, neigen zu neuen Dingen, weil sie neu sind. Diese Fähigkeit, entweder im Übermaß oder wenn sie mangelhaft ist, beeinflusst das

Urteilsvermögen stark und muss vom Verkäufer in Betracht gezogen werden.

*Die religiös-moralische Fähigkeit.* Zu dieser Gruppe von Fähigkeiten gehört Gewissenhaftigkeit oder moralisches Prinzip, Hoffnung oder Optimismus, Spiritualität oder Weltfremdheit, Verehrung oder Ehrfurcht und Güte oder Menschenliebe. Die Organe, die diese Qualitäten manifestieren, befinden sich in der vorderen Spitze des Kopfes.

Wenn die Gewissenhaftigkeit oder das moralische Prinzip hoch entwickelt ist, gibt sie einem ein hohes Gefühl von Recht, Gerechtigkeit, Wahrheit, Tugend und Pflicht. Im Umgang mit diesen Menschen sollte man besonders darauf achten, keine Falschaussagen, Falschdarstellungen und Übertreibungen zu machen, sondern sich eng an die Tatsachen des Geschäfts zu halten. Vermeiden Sie auch jeden Anschein von Tricks und scharfen Praktiken, von Geschichten über geschickte Geschäfte usw. Diese Menschen werden zu treuen, festen Freunden, wenn man mit ihnen umgeht, wie sie es verdienen, aber sie werden voreingenommen gegenüber Menschen und Firmen, die sie der unfairen Behandlung verdächtigen oder in die sie ihr Vertrauen verlieren. Ihr Grundgedanke ist "Recht ist Recht" - und daran sollten Sie sich bei allen Geschäften mit ihnen halten. Sie sind "das Salz der Erde", und es ist schade, dass es nicht mehr von ihnen gibt. Es ist wahr, dass diese Fähigkeit manchmal in Pharisäertum und Heuchelei zu verfallen scheint - aber dann hat jede gute Sache ihre Verfälschung, und es gilt, hier wie anderswo zwischen dem Wahren und dem Falschen zu unterscheiden.

*Die Hoffnung oder der Optimismus*, wenn er hoch entwickelt ist, veranlasst einen dazu, die Dinge positiv zu sehen, günstige Ergebnisse zu erwarten, zuversichtlich nach vorne zu schauen und viel von der Zukunft zu erwarten. Seine Perversion manifestiert sich in visionären Träumen und im Bau von Burgen. Diese Menschen sind empfänglich für Appelle an den zukünftigen Erfolg, an die guten Aussichten, an die freudige Aussicht und an neue Unternehmungen, die vielversprechend erscheinen. Sie werden enthusiastisch, wenn ihnen die Vorschläge richtig präsentiert werden, und ziehen es vor, mit Verkäufern mit ähnlichen geistigen Eigenschaften zu verhandeln. Diese Menschen sind natürliche "Bullen" in der Geschäftswelt, die sich im Umgang mit ihnen als "Bär" ausgeben. Sie genießen ein gut gelauntes, fröhliches Gespräch mehr als alles andere. Es sind gute Menschen, mit denen man umgehen kann, besonders wenn die betreffende Eigenschaft durch Vorsicht ausbalanciert und durch Erfahrung trainiert wird.

*Spiritualität oder Jenseitigkeit* neigt, wenn sie hoch entwickelt ist, dazu, auf mentalen Höhen über den Dingen der gewöhnlichen materiellen Existenz zu verweilen; dem "inneren Licht" zu vertrauen; sich zur Mystik zu neigen; und ein religiöses Bewusstsein über das Gewöhnliche zu erfahren. Wenn es sich in geringerem Maße manifestiert, wird es durch das gewöhnliche "religiöse" Gefühl ausgedrückt. Pervertiert manifestiert es sich als Aberglaube, Leichtgläubigkeit und "Psychismus". Die Menschen, in denen diese Fähigkeit aktiv ist, scheinen das Geschäft als eine erniedrigende Notwendigkeit zu empfinden, und sie sind darin nie ganz zu Hause, es sei denn, die gehandhabten Güter entsprechen zufällig ihrer allgemeinen Neigung, wie z.B. religiöse Bücher usw. Folglich ergeben sich ihre geschäftlichen Charakterzüge und ihr Geschmack eher aus den anderen Fähigkeiten, als aus dieser speziellen. Sie sind jedoch leicht voreingenommen gegenüber jemandem, von dem sie glauben, dass er in ihren Überzeugungen und Ansichten nicht mit ihnen übereinstimmt, und sie lassen sich eher durch Gefühl, Emotion und Empfindung als durch kühles Urteilsvermögen und reiner Vernunft beeinflussen. Sie sind normalerweise stark in ihren Vorlieben und Abneigungen und sind anfällig für Appelle an ihre Vorstellungskraft.

*Verehrung, oder Reverenz*, bewirkt, wenn sie hoch entwickelt ist, dass man Ehrfurcht und extremen Respekt vor Autoritäten aller Art zeigt. Diese Menschen sind gewöhnlich gute Kirchenmitglieder und gesetzestreue Bürger. Im Geschäftsleben ist die Veranlagung dazu geeignet, sie zu veranlassen, großen Wert auf Autorität und Vorbild zu legen. Wenn ein großer Kaufmann bestimmte Waren bestellt hat, werden sie von seinem Beispiel beeindruckt sein. Sie schätzen Zeugnisse und Empfehlungen sehr. Im Umgang mit ihnen muss man es vermeiden, leichtfertig über Dinge oder Personen zu sprechen, die sie schätzen, denn sie werden dies schnell übel nehmen. Sie sind in der Regel ausgesprochen konventionell und zielen darauf ab, die Erwartungen an "Seriosität" und soziale Gepflogenheiten in vollem Umfang zu erfüllen.

*Wohlwollen oder Menschenliebe*, sofern hoch entwickelt, bewirkt, dass man Sympathie, Freundlichkeit, Großzügigkeit und Philanthropie bekundet. Diese Menschen sind selbstlos und immer bereit, einem anderen einen guten Dienst zu erweisen. Sie werden eher von ihren Gefühlen als von ihrer Vernunft und ihrem Urteilsvermögen bewegt und werden ihre Geschäfte oft eher auf Freundlichkeit und persönlichem Gefühl als auf kaltem Geschäftsurteil und Politik basieren. Sie sind dort großzügig, wo ihre Sympathien und Gefühle gefragt sind, und werden allzu oft von egoistischen Menschen ausgenutzt, die mit deren uneigennütziger Natur spielen. Zu oft werden sie als "pflegeleicht" angesehen und entsprechend belastet. Die persönliche Angleichung des Verkäufers spielt eine wichtige Rolle im Umgang mit diesen Menschen.

Aus diesen verschiedenen Gruppen von Fähigkeiten ergeben sich viele Kombinationen des Charakters in den Menschen. Es stimmt zwar, dass es eine fast unendliche Vielfalt unter den Menschen gibt, aber es stimmt auch, dass es einige allgemeine Klassen gibt, in die die Mehrheit der Käufer aus Bequemlichkeit eingepasst oder gruppiert werden kann. Betrachten wir nun einige der gebräuchlicheren Klassen und sehen wir, wie sich die Fähigkeiten in Kombination manifestieren.

*Der argumentierende Käufer.* Dieser Mensch findet seine größte Freude daran, mit dem Verkäufer-Argument um der Argumentation willen zu argumentieren, zu kämpfen und zu streiten, nicht um der Wahrheit oder des Vorteils willen. Dieser Charakterzug entsteht aus der ausgeprägten Kampflust und Zerstörungskraft. Nehmen Sie diese Menschen nicht zu ernst. Lassen Sie sie in kleinen Punkten einen Sieg über Sie genießen, und bringen Sie sie dann, nachdem sie nachgegeben haben, geschickt auf die Hauptlinien des Verkaufsgesprächs. Im besten Fall streiten sie über Begriffe, Definitionen, Darstellungen etc. und nicht über Fakten. Lassen Sie sie ihre eigenen Definitionen, Begriffe und Darstellungen machen - und nehmen Sie dann ihre Bestellung für die Produkte auf, die Sie in ihre Argumente eingepasst haben. Wenn aber das Argument auf echter Vernunft und mit legitimer Begründung beruht, dann argumentieren Sie ruhig und respektvoll mit ihm.

*Der eingebildete Käufer.* Dieser Bursche ist voller Approbativität (er braucht Lob oder Zustimmung). Wir haben Ihnen an anderer Stelle von ihm erzählt. Treffen Sie ihn in seinem eigenen Flugzeug und geben Sie ihm den für seine Spezies vorgesehenen Köder – er wird darauf eingehen. Sie scheinen sich ihm zu fügen und können Ihre Argumente und Verkaufsgespräche ohne Widerspruch führen. Wenn Sie Ihre Erklärung mit "Wie Sie aus eigener Erfahrung wissen" oder "Wie Ihr eigenes gutes Urteilsvermögen entschieden hat" usw. beginnen, können Sie Ihre Geschichte ohne viel Widerstand erzählen. Sie müssen ihn immer spüren lassen, dass Sie sich in der Gegenwart eines großen Mannes befinden.

*Der "Steinwand"-Käufer.* Dieser Mann hat große Selbstachtung und Standhaftigkeit entwickelt. Wir haben Ihnen unter diesen beiden Überschriften von ihm erzählt. Sie müssen über die Steinmauer der Zurückhaltung und Sturheit fliegen, sie untertunneln oder um sie herumgehen. Lassen Sie ihn seine Mauer behalten - er mag sie, und es wäre schade, sie ihm zu nehmen. Ein bisschen vorsichtige Suche wird im Allgemeinen zeigen, dass er seine Flanken, oder seinen Rücken unbewacht gelassen hat. Er wird Sie nicht durch die Vordertür hereinlassen - also gehen Sie zur Küchentür oder zur Seitentür des Wohnzimmers - die nicht so gut bewacht sind.

*Der gereizte Käufer.* Dies ist eine unangenehme Kombination von Approbativität und Kampflust, in Verbindung mit schlechter Verdauung und gestörten Nerven. Streiten Sie nicht mit ihm, und lassen Sie sein Benehmen über Sie gleiten wie Wasser von einem Entenrücken. Bleiben Sie bei Ihrem Verkaufsgespräch, und vor allem bleiben Sie kühl, selbstbewusst und sprechen Sie in gleichmäßigen Tönen. Dieser Kurs wird ihn eher zu Fall bringen. Wenn Sie zeigen, dass Sie keine Angst vor ihm haben und nicht wütend gemacht werden können - wenn Ihre Töne fest, aber unter Kontrolle und nicht laut sind - wird er allmählich zu Ihnen herunterkommen. Wenn Sie Ihre eigene Beherrschung verlieren, können Sie genauso gut gehen. Ignorieren Sie einfach seinen "Miesepeter" - leugnen Sie seine Existenz ab, wie unsere Freunde des neuen Denkens sagen würden.

*Der "Grobschlächtige" Käufer.* Dieser Mann hat eine große Zerstörungskraft und Selbstachtung und will die Dinge selbst in die Hand nehmen. Er wird versuchen, Sie mit harten Bandagen zu überziehen. Bleiben Sie cool, ausgeglichen, selbstbeherrscht und hart, aber respektvoll. Lassen Sie sich nicht von ihm "verunsichern". Es ist oft eher ein "Bluff" als etwas anderes. Bleiben Sie beim "Holzsägen" und lassen Sie sich nicht abschrecken. Diese Menschen sind oft nur "Latten und Putz" anstelle des Eisens und Stahls, das sie auf den ersten Blick zu sein scheinen. Bleiben Sie fest und ruhig, das ist der Grundton im Umgang mit ihnen.

*Der vorsichtige Käufer.* Dieser Mann hat im Allgemeinen Vorsicht und Kontinuität gut entwickelt, und die Zuversicht ist schwach. Er ist konservativ und ängstlich. Vermeiden Sie es, ihn mit Ideen von "neuen" Dingen oder "Experimenten" zu erschrecken. Wenn Sie neue Dinge oder Ideen verkaufen, schaffen Sie es, diese mit Dingen zu vermischen, mit denen er vertraut ist - verbinden Sie das Neue und das Unbekannte mit dem Alten und Vertrauten. Und seien Sie konservativ und vorsichtig in Ihrem Gespräch, lassen Sie ihn nicht auf die Idee kommen, dass Sie ein radikaler oder ein "neuartiger" Mensch sind. Seien Sie für ihn ein "altmodischer Mensch".

*Der gerissene Käufer.* Dieser Bursche hat eine große Verschwiegenheit oder Gerissenheit - er gehört zum Fuchsstamm. Er liebt es, Dinge für sich selbst zu planen, wenn Sie sich also damit begnügen, ihm breite Hinweise zu geben, begleitet von ausdrucksstarken Blicken, was man mit Ihren Waren machen kann, wird er dazu fähig sein, etwas in dieser Richtung zu planen, und wenn er denkt, dass er alles selbst gemacht hat, wird er erfreut und interessiert sein. Lassen Sie ihn wissen, dass Sie seine Klugheit schätzen, besonders wenn er zeigt, dass seine Scharfsinnigkeit gut entwickelt ist. Aber wenn nicht, lassen Sie ihn besser denken, dass er Sie bezüglich seiner wahren Natur täuscht. Die meisten gerissenen Menschen sind jedoch stolz darauf und freuen sich über eine etwas grimmige Würdigung ihrer Fähigkeiten.

*Der würdige Käufer.* Dieser Mann hat eine große Selbstachtung und wahrscheinlich auch eine große Anziehungskraft. In jedem Fall soll er die Rolle spielen, für die ihn die Natur geschaffen hat, und Sie spielen Ihre. Ihre Rolle besteht darin, seine Würde anzuerkennen und zu respektieren, durch Ihre Art und Ihren Ton. Ob die Würde nun echt oder angenommen ist, ein Erkennen und Eintauchen in sie wird geschätzt und genossen. Stellen Sie sich vor, Sie sind in der Gegenwart Ihres verehrten Urgroßvaters oder des Bischofs, und der Rest wird einfach sein. Wir haben einmal einen heiteren, aber indiskreten Verkäufer gekannt, der einen großen Verkauf an einen Käufer dieser Art verloren hat, indem er ihm in die Rippen gestoßen und ihn "alter

Knabe" genannt hat. Der Käufer entkam nur knapp einem Schlaganfall, der Verkäufer entkam einem Verkauf völlig.

*Der "gemeine" Käufer.* Dieser Mann ist von Wissbegierde bewegt. Er ist von Anfang an misstrauisch gegenüber Ihnen, denn er glaubt, dass Sie von ihm Geld bekommen wollen. Geben Sie ihm nicht die Schuld, er ist so gebaut. Lenken Sie ihn stattdessen von diesem Thema ab und wenden Sie sich einem anderen zu, indem Sie sich sofort mit der Behauptung einlassen, dass Sie etwas haben, mit dem er Geld verdienen kann, oder etwas, das ihm Geld spart. Betonen Sie diese Punkte, und Sie werden seine Neugierde geweckt haben. Dann gehen Sie in die richtige Richtung - etwas, mit dem er Geld verdienen kann, oder etwas, mit dem er Geld sparen kann - das sind die einzigen beiden Argumente, die er aufnehmen kann.

*Der intelligente Käufer.* Diese Leute sind fast ausschließlich auf Vernunft und Urteilsvermögen angewiesen. Sie sind rar. Wenn Sie einem von ihnen begegnen, lassen Sie alle Versuche, mit Schwachstellen, Vorurteilen oder Gefühlen zu spielen, fallen und beschränken Sie sich strikt auf logische und rationale Aussagen, die Präsentation Ihrer Aussage und die Argumentation darauf. Versuchen Sie nicht, Sophisterei, Argumente aus falschen Prämissen oder andere Trugschlüsse zu verwenden. Er wird sie sofort erkennen und empört sein. Sprechen Sie ihm direkt aus der Seele, und beschränken Sie sich auf Fakten, Zahlen, Prinzipien und Logik.

Bisher haben wir es mit dem freien, willensbetonten oder äußeren Wesen des Käufers zu tun. Betrachten wir nun seinen unfreiwilligen oder inneren Zustand. Es gibt viele andere Begriffe, die von Psychologen verwendet werden, um diese beiden Phasen des Geistes zu bezeichnen - die wichtige Tatsache ist, dass es zwei Phasen oder Ebenen des Geistes gibt, die bei einem Verkauf wirksam sind. Lassen Sie uns sehen, wie sie funktionieren, und nicht, was sie sind oder wie sie genannt werden.

Wenn wir die aktuellen psychologischen Theorien und die Terminologie vorerst verwerfen, wollen wir einen klaren Blick auf die Fakten des Falles werfen. Eine kleine Überlegung wird uns zeigen, dass es zwei Teile im Gemüt eines Menschen gibt - oder zwei Phasen der Aktivität. Zunächst einmal gibt es einen Teil des Geistes, der sich so verhält wie der Geist des höheren Tieres, des Wilden, des Kindes. Das heißt, er handelt aus einem Impuls heraus und ohne Einschränkung des Willens. Seine Aufmerksamkeit wird leicht erregt, aber nur schwer gehalten, wenn das Interesse und die Neugier nicht geweckt werden. Er ist neugierig, neuheitsliebend, wissbegierig, impulsiv, leicht in bestimmte Richtungen zu überreden, empfänglich für Eindrücke, empfänglich für Suggestionen, nachahmend, der Panik unterworfen, dazu geneigt, "meinem Führer zu folgen", emotional, eher auf das Gefühl als auf den Verstand bezogen, der Überredung und dem Zureden unterworfen und fast automatisch als Antwort auf das erwachte Verlangen handelnd. Stellen wir uns diesen Teil des Verstandes als das Erbe der Gattung aus der Vergangenheit vor - den instinktiven Verstand - den elementaren Verstand der Gattung, bevor der Intellekt den Thron bestieg. Dieser Teil des Verstandes ist von jedem Individuum der Spezies besessen. Egal wie hoch entwickelt das Individuum auch sein mag, es hat diesen Teil des Verstandes. Wie sehr er ihn auch beherrscht, er ist immer als Hintergrund und Grundlage seiner anderen Art von Verstand vorhanden. Der Unterschied in der Selbstbeherrschung des Individuums hängt fast ausschließlich von dem anderen Teil des Verstandes ab, den wir jetzt betrachten werden - dem willentlichen Verstand, in dem der Intellekt und der Wille die vorherrschenden Elemente sind. Die Phase, die wir soeben betrachtet haben, kann man als den unfreiwilligen Verstand bezeichnen, in dem das Verlangen und das Gefühl die vorherrschenden Elemente sind.

Der willentliche Verstand ist im Laufe der Evolution zum Menschen gekommen. Es ist bei der Mehrheit der Menschen nicht annähernd so hoch entwickelt, wie man zunächst vermuten könnte. Bei der Mehrheit der Menschen überwiegt der unfreiwillige Verstand und wird mehr von Gefühl und Verlangen als von Intellekt und Willen beeinflusst. Diejenigen, bei denen das willentliche Verstand hoch entwickelt ist, stellen den Intellekt über die Gefühle - den Willen über die Wünsche. Sie unterwerfen ihre Gefühle der Prüfung und Anerkennung ihres Intellekts und halten ihre Wünsche durch ihren Willen in Schach. Wir haben die Gewohnheit, den Willen als etwas zu denken, das handelt - aber in den meisten Fällen wird er zur Kontrolle der Wünsche eingesetzt -, und zwar eher als Zurückhalten als als Vorwärtsdrängen. Eine der Hauptaufgaben des entwickelten Willens ist die der Hemmung oder Zurückhaltung. Und die Hemmung hängt von der Entscheidung des Urteils oder des Geistes ab. Das Tier, der Wilde oder das Kind hat nur wenig Kraft dieser Art - das durchschnittliche Individuum hat mehr als das Kind oder der Wilde, aber weniger als das entwickelte Individuum - das entwickelte Individuum hat eine bessere Selbstkontrolle und ordnet seine emotionalen Wünsche und Gefühle seinem Urteil und Willen unter, durch Hemmung oder Zurückhaltung. Jedes Individuum hat diese beiden Phasen des Geistes - die unfreiwillige und die willentliche - wobei Letztere sich jedoch in einer unendlichen Vielfalt von Graden der Entwicklung und Macht manifestiert. Im Rücken jedes Ungewollten-Selbst befindet sich das schützende Willentliche-Selbst - und ebenso im Rücken jedes Willentlichen-Selbst, egal wie stark es auch sein mag, gibt es immer das Ungewollte-Selbst, das unter der Zurückhaltung lauert und danach strebt, dem Auge seines Meisters zu entkommen und sich auf seine eigene Weise auszudrücken. Und der Meister entspannt oft seine Aufmerksamkeit, oder wird seiner anstrengenden Aufgabe müde, und dann "spielt die verborgene Natur, während die Katze weg ist".

Vielleicht kann sich der Verkäufer an diese Einteilung der beiden Phasen des Geistes erinnern, indem er sie sich als zwei Partner im Geschäft vorstellt. Der Verkäufer versucht, den Handel der Firma zu sichern. Der eine Bruder ist ein entspannter Bursche, der Neugier und kindliches Interesse besitzt, der sich "vergnügt", überzeugen und überreden lässt, der scheinbar immer aus seinen momentanen Wünschen und Gefühlen heraus handelt, der in den Augen der anderen gut erscheinen will und der darauf bedacht ist, einen guten Eindruck zu machen, der es leichter findet, "Ja" als "Nein" zu sagen - es ist leichter, sich den Wünschen der anderen anzuschließen als sich ihnen zu widersetzen, der eitel und gefällig ist. Der Name dieses Partners ist "Easyboy". Der andere Partner ist eine ganz andere Art von Kerl. Er ist kalt und berechnend, zeigt wenig Gefühl und Emotionen, unterwirft alles seiner Vernunft und seinem Urteilsvermögen, ist nicht von Vorurteilen für oder gegen ihn bewegt, treibt ein knappes Geschäft und nimmt es ihm übel, wenn er versucht, ihn zu überreden oder zu treiben. Sein Name ist "Hardfellow".

In der Firmenzentrale von "Easyboy und Hardfellow" ist die Arbeit aufgeteilt. "Easyboy" hat viel zu tun und kümmert sich um viele Dinge, für die sein Temperament besonders gut passt. "Hardfellow" hingegen kauft ein, denn die Erfahrung hat ihn gelehrt, dass "Easyboy" für diese Aufgabe nicht geeignet ist, da er zu sehr unter dem Einfluss seiner Gefühle steht und sich zu leicht beeinflussen lässt.

"Easyboy" konnte nie "Nein" sagen, aber "Hardfellow" fällt es fast ebenso schwer, "Ja" zu sagen. Hardfellow" kauft also ein, aber Easyboy" hängt immer herum", wenn ein Verkäufer spricht, denn er ist von Natur aus neugierig und verübelt Hardfellow" seine Autorität in dieser Angelegenheit. Manchmal bricht er ein, und "Hardfellow" lässt ihn zu Wort kommen, und manchmal verwöhnt er ihn mit kleineren Einkäufen, denn als Partner muss er ihm trotz der Absprache über die Pflichten etwas Rücksicht entgegenbringen. Merkwürdig ist, dass "Easyboy" die Vorstellung hat, dass er ein idealer Käufer wäre, viel besser als "Hardfellow", und er verliert keine Gelegenheit, seine vermeintliche Qualität zu manifestieren, obwohl er meistens einen Schlamassel daraus macht.

Denn "Hardfellow" ist oft so beschäftigt, dass er sich nicht voll auf das Geschäft des Kaufens konzentrieren kann; dann wiederum wird er müde, und in solchen Zeiten ist sein Urteilsvermögen nicht so gut, und er lässt sich in solchen Zeiten von "Easyboy" beeinflussen; und wiederum interessiert er sich für eine Eigenschaft des Kaufs und übersieht die anderen - in solchen Zeiten "macht Easyboy" "seine gute Arbeit" und nimmt am Kauf teil. Die Verkäufer, die die Firma besuchen, sind sich dieser Situation voll bewusst und planen die Dinge so, dass "Easyboy" zur Hand ist und seine Rolle spielen kann. Sie können alles mit ihm machen, und je mehr er in Erscheinung tritt, desto besser sind ihre Chancen. Wenn es nach ihm ginge, würde er sich im Mond ein Eckgrundstück kaufen, oder Goldziegel ohne die Überzüge. Er sagt gerne "Ja", wenn er überredet, angeheitert oder geführt wird. Aber die Verkäufer, die einen geradlinigen Geschäftsvorschlag haben, kommen mit "Hardfellow" gut zurecht, denn er ist auf solchen Linien erreichbar, wenn er logisch präsentiert und auf eine geschäftliche Weise erklärt wird. Aber auch solche Verkäufer finden in "Easyboy" einen wertvollen Verbündeten, denn er verschafft ihnen oft Gehör, wenn "Hardfellow" beschäftigt oder sonstwie nicht zum Zuhören bereit ist. Und so ist es für sie alle eine wichtige Frage, "Easyboy" an "Hardfellow's" Ellbogen in Szene zu setzen. Einige behaupten, eine Methode entdeckt zu haben, mit der sie "Hardfellow" ablenken und "Easyboy" zum Kaufen bringen können. Und es gibt sogar Gerüchte, dass es skrupellose Personen gab, die sich in der Zeit, in der "Hardfellow" nach einem vollen Abendessen seine Siesta hielt, herumgetrieben haben und dann auf beschämende Weise mit "Easyboy's" Schwäche gespielt haben. Die Firma leugnet diese Gerüchte, aber ein alter goldener Ziegelstein hält eine Tür im hinteren Teil des Ladens offen; und ein großes Bündel wertloser Aktien einer schön gezeichneten Goldmine und eine Urkunde für einen Viertelausschnitt des blauen Himmels im Safe - es könnte also doch etwas an der Geschichte dran gewesen sein.

Jeder Verstand ist eine "Easyboy und Hardfellow"-Firma. Beide Partner sind in Erscheinung getreten. In einigen Fällen hat "Easyboy" weit mehr Einfluss und Macht als sein fähigerer Partner, in anderen haben sie die gleiche Autorität, in einem dritten Fall behauptet "Hardfellow" sein Recht und Können, und "Easyboy" muss unter Protest in den Hintergrund treten. Aber das gleiche Prinzip gilt für alle. Und diese Tatsache wird von den Männern der Welt, die den wahren Stand der Dinge verstehen, in Betracht gezogen. Wenn jemand an dieser Aussage der psychologischen Fakten zweifelt, soll er sich selbst analysieren und auf seine eigene Erfahrung zurückblicken. Er wird feststellen, dass ihm der "Easyboy" in der Vergangenheit schon so manchen traurigen Streich gespielt hat und der "Hardfellow" mehr als einmal "von der Bildfläche verschwunden" war. Dann soll er anfangen, andere zu analysieren, mit denen er in Kontakt kommt - er wird sehen, dass es ihm dort genauso ergeht. Und doch gibt es kein Rätsel um die Angelegenheit - es ist alles in Übereinstimmung mit den bekannten psychologischen Gesetzen. Einige Autoren zum Thema Verkaufskunst versichern uns eher feierlich, dass der "Easyboy"-Teil des Geistes ein "höherer Geist" ist - aber das ist er nicht. Er gehört eher zur instinktiven als zur rationalen Stufe der geistigen Entwicklung. Es ist ein Erbe aus der Vergangenheit - jener Vergangenheit, in der die Menschen ausschließlich von Gefühl und Emotionen bewegt wurden, bevor die Vernunft zu ihrem gegenwärtigen Entwicklungsstand kam. Wenn sie "höher" ist, warum ist es dann eine Tatsache, dass die niederen Ethnien und Individuen sie in größerem Ausmaß manifestieren als die höheren? Dieser Teil des Verstandes gibt einem Vitalität und Energie, aber wenn er nicht vom Intellekt und Willen kontrolliert wird, ist er geeignet, sich als Fluch zu erweisen.

# KAPITEL VI DIE VORGANGSWEISE

Fast alle Lehrer oder Autoren von Verkaufsmethoden legen großen Wert auf das, was als "Der Vorbereitungsprozess (Pre-Approach)" bezeichnet wird, wobei der Begriff die Vorarbeiten für die Annäherung oder das Interview mit dem Käufer bezeichnet.

Was wir unter der Überschrift "Die geistige Haltung des Verkäufers" gesagt haben, ist wirklich ein Teil des Vorbereitungsprozesses, denn das liegt in der Natur der Vorbereitung der geistigen Haltung des Verkäufers auf das Interview mit dem Käufer. Aber es gibt noch mehr als das im Pre-Approach erwähnte. Der Pre-Approach ist die Ausarbeitung der Kampagne - "organisatorischer Sieg" wurde er genannt. Es ist die Anhäufung von Munition für den Kampf und das Aufzeigen der Strategie. Macbain sagt: "Der Vorbereitungsprozess ist das Fundament, auf dem der Verkäufer aufbaut. Er umfasst alle Informationen, die er erhält und die für seine Vorgehensweise beim Verkauf an den Kunden von Bedeutung sind. * * * * Ein Verkauf ähnelt in der Tat dem Schornsteinbau, bei dem es mehr Zeit für die Erstellung des Gerüstes im Vorfeld braucht, als für den Aufbau der permanenten Struktur, wenn das Gerüst einmal erstellt ist."

In erster Linie ist ein wichtiger Teil des Vorbereitungsprozesses eine korrekte und vollständige Kenntnis der Ware. Zu viele Mitarbeiter eilen zum Approach, ohne zu wissen, was sie zu verkaufen haben. Es reicht nicht aus, Marken und Preise zu kennen - man sollte seine Ware von oben bis unten, von innen und außen, vom Rohstoff bis zum fertigen Artikel kennen. Er sollte sich mit seiner Ware wohlfühlen, damit er alle Informationen über seine Ware auf dem Tisch hat und so den Kopf frei hat für die Strategie des Verkaufs. Ein genaues, ernsthaftes und intelligentes Studium des eigenen Sortiments wird ihm nicht nur eine wirksame Waffe liefern, sondern ihm auch ein Gefühl von Sicherheit und Vertrauen vermitteln, das er sonst nicht haben kann. Was würde man von einem Lehrer der Naturgeschichte denken, der die Tiere nicht versteht? Und doch sind viele Verkäufer ebenso unwissend über ihr Thema.

Der Verkäufer sollte seine Ware so gut verstehen, dass er eine Abhandlung über sie schreiben oder sie vor einem Publikum von Experten oder von Personen, die sie nicht kennen, vorführen kann - Letzteres ist wohl die schwierigste Aufgabe. Er sollte in der Lage sein, ihre besonderen Vorzüge und Eigenschaften einem Menschen zu erklären, der in der gleichen Fachrichtung schon lange tätig ist, oder sie einfach und klar einem Menschen zu erklären, der sie noch nie gesehen hat, oder der ihre Verwendung nicht kennt. Wir wissen von einem Verkäufer, der von seinem kleinen Jungen gebeten wurde, ihm eine Kasse zu erklären, und der der Bitte nachkam. Er erzählte uns, dass er bei dieser Erklärung mehr über seine Kasse erfuhr, als er selbst bei der technischen Vorführung in der "Verkäuferschule" in der Fabrik erworben hatte. Es ist nicht immer üblich, dass der Verkäufer sein Wissen über seine Waren an den Kunden weitergibt - ein solcher Kurs würde im Allgemeinen den Kunden langweilen - aber er sollte trotzdem alles über seine Waren wissen. Der Mann, der seine Ware auf diese Weise kennt, stellt seine Füße auf den festen Fels und lässt sich nicht wegfegen, während der Mann, der auf dem wandelnden Sand des "Halbwissens" baut, immer in Gefahr ist.

Aber der beliebtere Zweig des Vorbereitungsprozesses ist das Wissen über den Kunden. Holen Sie so viele Punkte wie möglich über die Eigenschaften, Gewohnheiten, Vorlieben und Abneigungen des Kunden ein. Finden Sie so viel wie möglich über seinen Beruf und seine Art, sein Geschäft zu führen, sowie über seine Unternehmensgeschichte heraus. Macbain sagt: "Es gibt wirklich keine Informationen über einen potentiellen Kunden, die man als wertlos bezeichnen kann. Auf der anderen Seite kann die Kenntnis von ein oder zwei Merkmalen des anzusprechenden Kunden als ausreichend angesehen werden, wobei man sich im Übrigen auf die gute Intuition des Verkäufers verlässt. Man geht natürlich davon aus, dass ein Verkäufer in der Lage ist, seinen Kunden beim Namen zu nennen und den Namen beim ersten Gespräch richtig auszusprechen. Dies ist die wichtigste Voraussetzung, und das restliche Wissen darüber sollte in der Reihenfolge seiner Wichtigkeit gruppiert werden."

Die Daten über den potentiellen Kunden sind auf vielen Wegen erhältlich. Vieles davon können Sie aus Ihrem eigenen Haus erfahren, wenn Sie schon einmal mit ihm zu tun hatten. Auch andere Verkäufer werden die Daten ergänzen, aber man muss hier auf der Hut sein und darf sich nicht durch negative Berichte anderer Verkäufer über seine Art und Weise und seine Charakteristika vor dem Kunden fürchten. Pierce sagt: "Es scheint, dass es wünschenswert ist, die guten Eigenschaften des Interessenten zu lernen. Aber es ist eine Überzeugung, dass man die ungünstigen Dinge, die über den Interessenten gesagt werden, nicht gerade die Besonderheiten hervorhebt, die man zu umgehen hofft, wenn man sich selbst verleugnet. Ein Verkaufsversuch wird in Erinnerung gerufen, bei dem es hieß, dass der Interessent "der gemeinste Mann auf Erden" sei. Fast erschrocken von der Beschreibung ging der Verkäufer auf den Interessenten los, missfiel ihm, verlor den Verkauf."

Hotelangestellte - oder noch besser, Hotelbesitzer - sind oft sehr gut über die Händler in ihrer Stadt informiert, und oft können auf diese Weise wertvolle Informationen gewonnen werden, obwohl das Urteil und die Erfahrung der Hotelangestellten bewertet werden müssen, bevor man sich auf die eigene Meinung über den Kunden stützen kann. Auch andere Kunden können bei der Beschaffung von Informationen über ihre Konkurrenten diplomatisch in Anspruch genommen werden, wobei in solchen Fällen immer die persönliche Befangenheit zu berücksichtigen ist. Es ist eine gute Idee, dass der Verkäufer diese Vorabberichte aufzeichnet, damit er sie zu den Akten nehmen kann, wo er sie bei Bedarf einsehen kann. Einige Verkäufer haben eine Kartei, die diesem Zweck gewidmet ist und die sie sehr nützlich gefunden haben.

Ein anderer, und sehr wichtiger Punkt des Vorbereitungsprozesses ist die Entwicklung der richtigen mentalen Einstellung in sich selbst. Sie müssen sich zuerst selbst in den Griff bekommen, bevor Sie etwas anderes richtig machen können. Pierce sagt dazu: "Jemand hat gesagt, dass der größte Fluch beim Verkauf von Waren die Angst ist. In der Tat ist das einzige, wovor man Angst hat, dass man den Verkauf nicht zustande bekommt. Aber wenn Sie auf diesen Punkt verzichten und sagen: 'Nun, es ist mir egal, ob ich diesen Verkauf bekomme oder nicht. Ich weiß das: Ich bin ehrlich, meine Waren sind ehrlich, und wenn dieser Mensch sie nicht will, gibt es viele, die sie wollen", dann werden Sie die Angst schmelzen sehen wie der Nebel vor dem Sonnenschein. Die Angst kann nicht leben in der Gegenwart Ihres Lächelns, Ihres Selbstvertrauens, Ihrer Kenntnis des Geschäfts und Ihrer Branche."

Lesen Sie in diesem Zusammenhang noch einmal, was wir Ihnen im Kapitel "Die geistige Haltung des Verkäufers" über das "Ich" und "Selbstachtung" gesagt haben. Dieses Kapitel wurde geschrieben, um genau solche Fälle wie diesen zu behandeln. Wenn Sie das "Ich" in sich erkennen können, wird Ihre Angst schnell verschwinden. Erinnern Sie sich: "Es gibt nichts zu befürchten außer der Furcht."

Viele erfolgreiche Verkäufer geben an, dass sie ihre frühe Angst und Scheu überwunden haben, indem sie sich mit Autosuggestionen füllten, dass sie den Kunden anriefen, um ihm einen guten Dienst zu erweisen - dass es für den Kunden gut war, dass der Verkäufer ihn anrief, obwohl er es nicht wusste - und dass der Verkäufer sich durch nichts daran hindern lassen darf, dem Kunden einen guten Dienst zu erweisen, usw. So lächerlich das für manche erscheinen mag, es wird in vielen Fällen gut funktionieren. Und es beruht auch auf der Wahrheit, denn wenn die Ware stimmt, und die Preise ebenfalls stimmen, tut der Verkäufer dem Kunden einen guten Dienst.

Und genau hier wollen wir Ihnen die Notwendigkeit aufzeigen, sich so weit zu bemühen, dass Sie an Ihr eigenes Angebot glauben. Sie müssen sich in den Zustand versetzen, in dem Sie, wenn Sie an der Stelle des Kunden wären, diesen sicherlich nutzen wollen. Sie müssen sich selbst bekehren, bevor Sie erwarten können, den Kunden zu bekehren. Wir kennen einen Werbefachmann, der uns sagt, dass er sich nie mit einer Anzeige zufrieden fühlt. dass er schreibt, bis er sich selbst glauben machen kann, dass er den Artikel selbst kaufen will. Und er hat Recht. Und der Verkäufer wird gut daran tun, sich von seinem Buch eine Scheibe abzuschneiden. Enthusiasmus und Glauben sind ansteckend. Wenn Sie an eine Sache gründlich glauben, haben Sie eine viel bessere Chance, andere dazu zu bringen, auch daran zu glauben, als wenn Sie sich anders fühlen. Sie müssen erst lernen, an sich selbst zu verkaufen, dann dürfen Sie an den Kunden verkaufen.

W.C. Holman sagt in "Salesmanship": "Man kann andere nicht dazu bringen, das zu glauben, was man selbst glaubt, es sei denn, man selbst ist ein ernsthafter Gläubiger. Dwight L. Moody beeinflusste ein enormes Publikum durch die einfache Kraft seines eigenen wunderbaren Glaubens. Niemand konnte Moody zuhören, ohne zu sagen: "Dieser Mann glaubt absolut jedes Wort, das er spricht. Wenn er das, was er sagt, so ungeheuerlich fühlt, dann muss etwas darin enthalten sein. Wenn jeder Verkäufer erkennen würde, wie stark die Einstellung des potentiellen Kunden von seiner eigenen mentalen Einstellung abhängt, würde er beim Ansprechen eines Kunden genauso darauf achten, sich in die richtige Stimmung zu bringen, wie beim Tragen eines Musterkoffers. Es ist eine einfache Sache für ihn, dies zu tun. Es genügt, wenn er kurz vor dem Start "auf den Fundus achtet" - sich alle starken, überzeugenden Punkte seines Angebots aufzählt -, die guten, hohen Qualitäten der von ihm verkauften Produkte betrachtet, die herrlichen Eigenschaften seines Hauses im Auge behält - an die große Zahl der Kunden denkt, die sein Produkt gekauft haben - und an die höchst befriedigenden Gründe, warum auch andere Kunden seine Waren kaufen sollten. Mit anderen Worten, bevor ein Verkäufer anfängt, anderen Menschen zu verkaufen, sollte er sich erst einmal an sich selbst verkaufen. Er sollte diesen Verkauf an sich selbst zu Beginn eines jeden Arbeitstages machen."

Der Lernende sollte sich gründlich mit der schöpferischen Kraft der Suggestion und der Autosuggestion bei der Charakterbildung und bei der Herstellung und Aufrechterhaltung der richtigen geistigen Einstellung vertraut machen. Der Band dieser Reihe mit dem Titel "Suggestion und Autosuggestion" gibt sowohl die Theorie, die Prinzipien als auch die Methoden der Anwendung von Autosuggestion in den genannten Bereichen. Man muss nicht länger Sklave seiner geistigen Einstellung sein. Im Gegenteil, man kann jederzeit die mentale Einstellung, die man für ratsam und notwendig hält, schaffen und bewahren.

Herr W.C. Holman, einer der besten inspirierenden Autoren über die Verkaufstechnik, gibt das folgende interessante Beispiel für die Anwendung von Autosuggestion durch einen Verkäufer. Er sagt: "Einer der besten Verkäufer, die der Autor je kannte, hat das, was er seinen Katechismus nannte, aufgestellt. Er hat sich jeden Morgen vor dem Beginn der Arbeit damit beschäftigt. Oft wiederholte er ihn laut, wenn er die Gelegenheit dazu hatte. Die Fragen wiederholte er in ruhigem Ton, aber die Antworten sprach er mit dem ganzen Ernst aus, zu dem er fähig war. Sein katechetischer Unterricht lief etwa so ab:

*"Arbeite ich für ein gutes Haus? JA!*

*"Hat mein Haus den Ruf und das Ansehen, zu den besten seiner Art zu gehören? JA!*

*"Haben wir hunderttausende von Verkäufen gemacht, wie die, die ich heute machen werde? JA!*

*"Haben wir eine enorme Anzahl zufriedener Kunden? JA!*

*"Verkaufe ich die beste Ware, die auf der Welt herge-*
*stellt wird? JA!*

*"Ist der Preis, den ich verlange, ein fairer Preis? JA!*

*"Brauchen die Menschen, die ich anrufen werde, den*
*Artikel, den ich verkaufe? JA!*

*"Ist ihnen das schon klar? NEIN!*

*"Ist das der Grund, warum ich sie anrufen werde, weil*
*sie meine Produkte noch nicht wollen und sie noch nicht*
*gekauft haben? JA!*

*"Darf ich einen Interessenten um Zeit und Aufmerksam-*
*keit bitten, um meinen Vorschlag zu präsentieren? BEI*
*DER HÖCHSTEN MACHT, JA!*

*"Werde ich in das Büro eines jeden Menschen kommen,*
*den ich aufsuche, wenn es einen irdischen Weg gibt, es*
*zu tun? JA!*

*"Werde ich jedem Menschen, den ich heute aufsuche, et-*
*was verkaufen? "JAWOHL ICH WERDE ES TUN!"*

Unter Bezugnahme auf den obigen "Katechismus" von Mr. Holman würden wir sagen, dass, wenn ein Mann sich bis zu dem Punkt
arbeiten würde, diese Fragen ernsthaft zu stellen und zu beantworten,
und den Geist davon durch den Tag tragen würde, er sich fast unbesiegbar machen würde. Ein solcher Geist ist der Geist der Light Bri-
gade, von Napoleon, des Berserkers Norseman, der sich selbst den
Weg bahnte. Ein solcher Mensch würde Gelegenheiten schaffen, anstatt darum zu betteln. Solch ein Mensch würde sich inspirieren lassen. Dies ist eine Autosuggestion, die zur N-ten Macht erhoben wird.
Versuchen Sie es - Sie brauchen es in Ihrem Geschäft!

Die zweite Phase des Vorbereitungsprozesses ist die des Inter-
views mit dem Interessenten, allgemein bekannt als "der potenzielle
Kunde". In vielen Fällen ist der Verkäufer in der Lage, sich das Gespräch zu sichern, indem er einfach in die Präsenz des potenziellen
Kunden geht, wobei Letzterer in seinem Geschäft oder Büro voll im
Blickfeld ist und kein Vermittler anwesend ist, um die Annäherung
abzufangen. In solchen Fällen wird die zweite Phase des Pre Ap-
proachs übersprungen und die eigentliche Annäherung wird sofort
eingeleitet. Aber in anderen Fällen, insbesondere in den großen Bü-
rohäusern der Hauptstädte, wird der potenzielle Kunde in seinem pri-

vaten Büro angetroffen, und der Vorstoß des Verkäufers wird von einem Angestellten oder sogar einem Büroangestellten gestoppt, und es müssen bestimmte Vorarbeiten durchgeführt werden, bevor ein Interview durchgeführt werden kann. In vielen Fällen umgeben sich "große" Männer (oder solche, die als "groß" gelten wollen) mit so viel Formalität und rotem Band, dass es eine ziemliche Leistung ist, den Hütern des inneren Tempels den Handschuh auszusetzen, und viel Taktgefühl, Diplomatie, Geistesgegenwart und oft auch Strategie werden vom Verkäufer verlangt, damit er "an seinen Mann rankommt".

Macbain sagt in seinem Werk mit dem Titel "Selling" über diese Phase: "Zwischen der Vorannäherung und der tatsächlichen Annäherung liegt manchmal eine schwierige Zeit für den Verkäufer. Es ist keine Seltenheit, dass ein potentieller Kunde einen Verkäufer warten lässt, entweder vor der Bürotür und außer Sichtweite oder im Inneren und in Anwesenheit des potenziellen Käufers. Dies ist bekannt als "den Nerv des Verkäufers brechen". Oft wird dies mit dem Gedanken getan, den Verkäufer bewusst nervös zu machen und somit eine solche Annäherung nicht möglich zu machen, wie es sonst möglich wäre. Eine der häufigsten Formen davon ist vielleicht, wenn der Interessent an seinem Schreibtisch sehr eifrig an etwas interessiert zu sein scheint und dem Verkäufer erlaubt, eine unbestimmte Zeit zu stehen, um sich dann plötzlich zu ihm umzudrehen. Dies ist besonders für den jungen Verkäufer beunruhigend, aber der erfahrene Verkäufer versteht es als Hinweis darauf, dass der Mann entweder sehr beschäftigt ist und es tatsächlich hasst, von seiner Arbeit abgelenkt zu werden, oder dass er Angst hat, zu etwas überredet zu werden, was er später bereuen wird. Der Verkäufer gestaltet also seine Einführung entsprechend und lässt sich von diesem Versuch nicht beunruhigen, da er die äußeren Merkmale des Menschen, den er ansprechen will, genau studieren kann.

In vielen Fällen wird dem Verkäufer dieses Warten von einem Interessenten aufgezwungen, der auch etwas von den Gesetzen der Psychologie versteht - denn dieses Wissen ist keineswegs auf den Verkäufer beschränkt, da der Käufer in vielen Bereichen selbst aufgestellt sein wird. Im Dame oder Damespiel entsteht dem Spieler ein ganz wichtiger Vorteil, der den technisch so genannten "Zug" sichert, der sich aber von der "ersten Partie" sehr unterscheidet. Es gibt in der Psychologie des Verkaufs oder des Gesprächs zwischen zwei gleichstarken Personen etwas, das sehr eng mit dem "Zug" beim Damespiel korrespondiert. Dieses Etwas gibt demjenigen, der es sich sichert, einen entscheidenden Vorteil und ist es wert anzustreben. Dieses Etwas ist subtil und fast unbeschreiblich, obwohl es für jeden, der mit seinen Mitmenschen zu tun hat, offensichtlich ist. Es scheint eine Frage des geistigen Gleichgewichts und der Ausgeglichenheit zu sein. Der Verkäufer, wenn er gut ausgeglichen und gelassen ist, ist dem Käufer gegenüber "positiv", wobei dieser in einer zuhörenden und damit passiven Haltung verharrt. Bis jetzt hat der Verkäufer "den Zug", den er jedoch später verlieren kann, wenn der potenzielle Käufer wissentlich spielt. Nun, um zum "Warten" zurückzukehren, schafft es der potenzielle Kunde, indem er die Haltung des Verkäufers stört, und "seine Nerven bricht", indem er ihn in einem Zustand der Spannung auf der ängstlichen Bank warten lässt, oft, "den Zug" zu kriegen, es sei denn, der Verkäufer versteht die Psychologie des Prozesses und vermeidet diesen entsprechend. Die Spannung ist der nervenaufreibendste psychische Zustand auf der psychologischen Liste, wie alle erkennen, die ihn erlebt haben. Hüten Sie sich davor, "die Initiative" zu verlieren.

Ein wichtiger Faktor, um an der Einfriedung des äußeren Büros vorbeizukommen, ist das Bewusstsein der Selbstachtung und die Erkenntnis des "Ichs", von dem wir gesprochen haben. Diese geistige Haltung prägt sich denen ein, die die äußeren Werke bewachen, und dient dazu, den Weg freizumachen. Wie Pierce sagt: "Erinnere dich, du bittest um keinen Gefallen, du musst dich für nichts entschuldigen und du hast allen Grund der Welt, den Kopf hochzuhalten. Und es ist wunderbar, was dieses Hochhalten des Kopfes zur Umsatzsteigerung beitragen wird. Wir haben gesehen, wie Verkäufer Zugang zu den Büros von Broadway-Käufern erhielten, indem sie den Kopf einfach aufrecht von den Schultern hochgehalten haben. Aber es ist die geistige Einstellung, die hinter dem körperlichen Ausdruck steht - vergessen Sie das nicht.

Die mentale Einstellung und ihr physischer Ausdruck beeinflussen instinktiv das Verhalten anderer Menschen gegenüber einem. Wir können dasselbe in der Haltung und dem Verhalten des Straßenjungen gegenüber Hunden sehen. Lasst einen armen Racker mit hängenden Ohren, schüchternem Ausdruck, sanften Augen und Schwanz zwischen den Beinen traben, und der Straßenjunge wird geneigt sein, ihn zu treten oder einen Stein auf seine zurückweichende Erscheinung zu werfen. Man beachte den Unterschied, wenn der Hund mit Selbstachtung, mit Geist in sich, vorbeiläuft, dem Jungen furchtlos in die Augen schaut und seinen Sinn für Selbstachtung und seine Kraft zeigt, ihn bei jeder Bewegung zu unterstützen. Dieser Hund wird entsprechend behandelt. Es gibt bestimmte Menschen, deren Benehmen so ist, dass sie keinen Respekt und keine Rücksichtnahme verlangen müssen - es wird ihnen als eine Frage des Rechts und des Privilegs gegeben. Die Menschen stehen zur Seite, um Ihnen Platz zu machen, und bewegen sich in Straßenbahnen hoch, damit Sie einen Sitzplatz bekommen. Und es folgt nicht unbedingt, dass die Person, der dieser Respekt entgegengebracht wird, ein würdiges Individuum oder eine Person mit guten Eigenschaften ist - sie kann ein Vertrauensmann oder ein Betrüger sein. Aber was auch immer sie ist oder sein mag, sie hat bestimmte äußere Manierismen und Eigenschaften, die es ihr ermöglichen, "eine gute Fassade zu bilden" und sie durchzusetzen. Im Hintergrund stehen bestimmte Geisteszustände, die bei echten Personen mit Autorität und hoher Stellung die echten äußeren Eigenschaften und Verhaltensweisen hervorbringen, wobei der Hochstapler nur eine passable Fälschung darstellt und ein guter Schauspieler ist.

Oft ist es notwendig, dass der Verkäufer eine Visitenkarte an das interne Büro schickt. Es ist gut für ihn, einige Karten zu haben, die in der bewährtesten Weise gut beschriftet sind und einfach seinen Namen tragen: "Mr. John Jay Jones", auf denen sein Geschäft erscheint. Wenn er von einer großen Stadt aus reist und in kleineren Städten verkauft, könnte er in der Ecke seiner Karte "New York", "Chicago", "Philadelphia", "Boston" usw. stehen haben. Wenn der Name seines Unternehmens auf der Karte erscheint, prüft der Interessent oft die Frage eines möglichen Verkaufsgespräches, ohne dass der Verkäufer anwesend ist, um seinen Fall vorzutragen, und lehnt dann möglicherweise ein Interview ab. Der Name, ohne das Unternehmen, weckt oft Interesse oder Neugier und hilft so, statt zu behindern, das Gespräch wirklich zu sichern.

Hinsichtlich der Besprechung des Geschäfts mit einer anderen Person als dem potenziellen Kunden selbst sind die Zuständigkeiten unterschiedlich. Es scheint in der Tat weitgehend von den jeweiligen Umständen des Einzelfalls, der Art der zu verkaufenden Produkte und dem Charakter und der Stellung des jeweiligen Mitarbeiters abzuhängen.

Eine Reihe von Vertretern ist der Meinung, dass es sehr schlecht ist, einem Untergebenen sein Angebot zu unterbreiten, und dass es weitaus besser ist, ihm höflich, aber bestimmt zu sagen, dass sein Angebot von solcher Art ist, dass man es nur mit dem potenziellen Kunden persönlich besprechen kann. Andernfalls wird angenommen, dass der Untergebene ihnen sagen wird, dass die fragliche Angelegenheit bereits von seinem Chef geprüft wurde, und dass er über den Vorschlag vollständig informiert ist, und dass er den Befehl gegeben hat, nicht weiter darüber gestört zu werden.

Die anderen Vertreter sind der Meinung, dass der Mitarbeiter in vielen Fällen in den Dienst gedrängt werden kann, indem man ihn mit großem Respekt behandelt und mit einem offensichtlichen Glauben an sein Urteil und seine Autorität, indem man seinen guten Willen gewinnt und ihn für Ihren Vorschlag interessiert, und indem man sich bemüht, dass er tagsüber mit seinem Vorgesetzten "darüber spricht". Es wird behauptet, dass ein nachfolgender Anruf am Tag danach oft erfolgreich sein wird, da der Untergebene den Weg für ein Interview geebnet und tatsächlich einige Arbeit für Sie geleistet hat, in Form von Einfluss- und Verkaufsgesprächen. Es wird behauptet, dass einige Verkäufer dauerhafte "Freunde im Lager" dieser Untergebenen, die auf diese Weise angesprochen wurden, gewonnen haben.

Es scheint jedoch, wie gesagt, sehr von den besonderen Umständen des Falles abzuhängen. In einigen Fällen ist der Untergebene lediglich ein "Aufschieber" oder "Wellenbrecher", während er in anderen Fällen ein vertraulicher Mitarbeiter ist, dessen Meinung bei der Aussicht Gewicht hat und dessen guter Wille und Hilfe es wert ist, gesichert zu werden. In jedem Fall ist es aber gut, sich den Respekt und den guten Willen derer im "äußeren Zirkel" zu sichern, denn sie können oft viel dazu beitragen, Ihre Chancen zu verbessern oder zu schmälern. Wir kennen Fälle, in denen Untergebene einen Verkäufer, der sie beleidigt hat, "verunsichert" haben; und wir kennen andere Fälle, in denen der Untergebene, der sich über den Verkäufer freut, ihn "als Nächsten" gewählt hat. Es ist immer besser, sich einen Freund zu machen als einen Feind - vom Büroangestellten aufwärts - nach allgemeinen Grundsätzen. So mancher feine Krieger ist schon wegen eines kleinen Kieselsteins gestolpert. Starke Männer sind durch den Stich einer Mücke gestorben.

Der folgende Ratschlag von J.F. Gillen, dem Chicagoer Manager der Burroughs Adding Machine Company, ist sehr treffend. Herr Gillen sagt in der Zeitschrift "Salesmanship": "Ein Verkäufer, der seinen Mut nicht bewiesen hat - und der sich leider seiner selbst nicht sicher ist -, wird wahrscheinlich von einem Gefühl der eigenen Bedeutungslosigkeit überwältigt, wenn er in die Privatdomäne des großen Mannes, des reichen oder einflussreichen Mannes eintritt, von dem er sich einen Auftrag erhofft. Das Brummen und die Eile der Geschäfte im Büro dieses Chefs sind sehr ehrfurchtgebietend. Die Tatsache, dass es eine eiserne Regel gibt, die den Chef vor Eindringlingen schützen soll und die den Zutritt eines ungebetenen Verkäufers verbietet - und die Tatsache, dass die Armee der Angestellten durch diese Regel verpflichtet ist, sich dem Eintritt eines solchen Besuchers zu widersetzen -, macht einen unerfahrenen Verkäufer moralisch von seiner Ohnmacht überzeugt; sie gibt ihm das Gefühl, dass er überhaupt keinen gerechtfertigten Grund hat, sich zu präsentieren. In der Tat hat er keinen, wenn die Ehrfurcht, die er vor dem roten Band, den Regeln, den Würdenträgern empfindet, ihn den Reiz seines eigenen Angebotes aus den Augen hat verlieren lassen; sein Vertrauen in das, was er zu bieten hat, und seine Fähigkeit, die Aussicht darauf zu begeistern, verschluckt hat. * * * * Wenn Sie glauben, dass Ihr Angebot für den potenziellen Kunden interessant sein wird und dass er von den Geschäften mit Ihnen profitieren wird, haben Sie das Recht zu glauben, dass die Richtlinie, die den Verkäufer von seiner Anwesenheit ausschließt, nicht darauf abzielt, Sie auszuschließen. Überzeugen Sie sich davon und die strenge Verneinung des Sachbearbeiters wird Sie nicht in Verlegenheit bringen. Sie werden sich mit dem Mut und dem Einfallsreichtum ausgerüstet finden, mit einer aalglatten Sekretärin fertig zu werden, die schlaue, ausweichende Antworten gibt, wenn Sie versuchen herauszufinden, ob Herr Interessent jetzt in seinem Büro ist, ob er Sie nicht sofort sehen kann, und welchen Grund es gibt, anzunehmen, dass Sie Ihr Geschäft an seiner Stelle einem Untergebenen erzählen könnten. Sobald Sie sich also moralisch sicher sind, ist der härteste Teil der Schlacht gewonnen. * * * * Sie können die Perspektive sehen und mit ihm reden, egal welche Hindernisse dazwischenkommen, wenn Ihre Nerven durchhalten und Sie Ihren Verstand einsetzen."

Denken Sie immer daran: Die Psychologie der Verkaufstechnik gilt nicht nur für die Arbeit mit dem potenziellen Kunden, sondern auch für die Arbeit mit denen, die ihm den Weg versperren. Untergebene haben einen Verstand, Fähigkeiten, Gefühle und starke und schwache Mentalitätspunkte - sie haben ihre Psychologie genauso wie ihr Arbeitgeber seine. Es wird sich lohnen, ihre Psychologie sorgfältig zu studieren - sie hat ihre Regeln, Gesetze und Prinzipien. Dies ist ein Punkt, der oft von kleinen Verkäufern übersehen wird, aber von den "Großen" voll anerkannt wird. Die Abkürzung zum Verstand mancher Interessenten führt direkt durch den Verstand des Mitarbeiters im Vorzimmer.

# KAPITEL VII DIE PSYCHOLOGIE DES KAUFS

Es gibt mehrere Stufen oder Phasen, die der Käufer im mentalen Prozess, der zu einem Kauf führt, durchläuft. Während es schwierig ist, eine eindeutige Regel bezüglich desselben aufzustellen, wegen der Vielfalt des Temperaments, der Tendenzen und der mentalen Gewohnheiten, die in verschiedenen Graden bei verschiedenen Individuen vorhanden sind, gibt es dennoch bestimmte Prinzipien des Fühlens und Denkens, die sich bei jedem einzelnen Käufer gleichermaßen äußern, und eine bestimmte logische Abfolge wird von allen Menschen bei jedem Erstkauf befolgt. Daraus folgt natürlich, dass diese Prinzipien und diese Reihenfolge bei jedem Erstkauf wirksam werden, ob dieser nun das Ergebnis einer Werbung, einer Warenpräsentation, einer Empfehlung oder der Bemühungen eines Verkäufers ist. Das Prinzip ist in jedem Fall gleich, und die Reihenfolge der psychischen Zustände ist in jedem Fall gleich. Betrachten wir nun diese verschiedenen psychischen Zustände in ihrer üblichen Reihenfolge.

Die verschiedenen psychischen Zustände, die jeder Käufer bei einem ersten Kauf erlebt hat, sind im Folgenden in der Reihenfolge aufgeführt, in der sie sich üblicherweise ergeben: -

*I. Unwillkürliche Aufmerksamkeit.*

*II. Erster Eindruck.*

*III. Neugier.*

*IV. Assoziiertes Interesse.*

*V. Erwägung.*

*VI. Vorstellungskraft.*

*VII. Neigung.*

*VIII. Überlegung.*

*IX. Entscheidung.*

*X. Aktion.*

Wir verwenden in diesem Zusammenhang den Begriff "ursprünglicher Kauf", um den ursprünglichen Kauf von einer wiederholten Bestellung oder einem späteren Kauf desselben Artikels zu unterscheiden, wobei im letzteren Fall der geistige Vorgang weitaus einfacher ist und lediglich darin besteht, die Neigung oder die Gewohnheit zu erkennen und die Ware zu bestellen, ohne die ursprüngliche komplexe geistige Operation zu wiederholen. Kommen wir nun zu einer Betrachtung der verschiedenen geistigen Phasen des ursprünglichen Kaufs, in logischer Reihenfolge: - die Bestellung des gleichen Artikels, der die Neigung oder die Gewohnheit hat, zu akzeptieren, und die Ware zu bestellen, ohne die ursprüngliche komplexe geistige Operation zu wiederholen.

*I. Unwillkürliche Aufmerksamkeit.* Dieser psychische Zustand ist die elementare Phase der Aufmerksamkeit. Aufmerksamkeit ist kein Vermögen des Geistes, sondern die Fokussierung des Bewusstseins auf ein Objekt unter zeitweiligem Ausschluss aller anderen Objekte. Es ist eine Hinwendung des Geistes zu einem Objekt. Das Objekt der Aufmerksamkeit kann entweder äußerlich sein, wie eine Person oder ein Ding; oder innerlich, wie ein Gefühl, ein Gedanke, eine Erinnerung oder eine Idee. Die Aufmerksamkeit kann entweder freiwillig sein, d.h. bewusst durch den Willen gelenkt werden; oder unfreiwillig, d.h. unbewusst und instinktiv und scheinbar unabhängig vom Willen gelenkt. Die willentliche Aufmerksamkeit ist eine erworbene und entwickelte Kraft und ist das Attribut des Denkers, des Schülers und des intellektuellen Individuums in allen Lebensbereichen. Unwillkürliche Aufmerksamkeit ist im Gegenteil nur eine Reflexhandlung oder eine nervöse Reaktion auf irgendeinen Reiz. Wie Halleck sagt: "Viele Menschen kommen kaum über das Reflexstadium hinaus. Jeder zufällige Reiz lenkt ihre Aufmerksamkeit von ihrem Studium oder ihrem Geschäft ab." Sir William Hamilton machte eine noch feinere Unterscheidung, die jedoch von den Autoren dieses Themas im Allgemeinen übersehen wird, die aber wissenschaftlich korrekt ist und der wir in diesem Buch folgen werden. Er behauptet, dass es drei Grade oder Arten von Aufmerksamkeit gibt: (1) die reflektorische oder unfreiwillige, die instinktiv ist; (2) die vom Wunsch oder Gefühl bestimmte, die sowohl unfreiwillig als auch freiwillig ist und die, obwohl sie teilweise instinktiv ist, vom Willen unter dem Einfluss des Urteils widerstanden werden kann; und (3) die durch absichtliches Wollen als Antwort auf die Vernunft, wie beim Studium, wissenschaftlichen Versuchen, rationaler Überlegung usw., bestimmt wird.

Der erste geistige Schritt des Kaufs besteht zweifellos aus unwillkürlicher oder reflexartiger Aufmerksamkeit, wie sie z.B. durch ein plötzliches Geräusch, Sehen oder eine andere Empfindung hervorgerufen wird. Der Grad dieser unwillkürlichen Aufmerksamkeit hängt von der Intensität, Plötzlichkeit, Neuartigkeit oder Bewegung des Gegenstandes ab, auf den er reagiert. Alle Personen reagieren auf die Reize, die diese Form der Aufmerksamkeit erregen, aber in unterschiedlichem Maße, je nach der Beschäftigung oder Konzentration des Einzelnen zu diesem Zeitpunkt. Das auffällige oder neuartige Aussehen einer Werbung, die Schaufensterauslage von Waren, das Auftreten des Verkäufers - all diese Dinge wecken instinktiv die unwillkürliche Aufmerksamkeit, und der Käufer "schaltet sie ein". Aber dieses Einschalten des Verstandes gehört zu Hamiltons erster Klasse - der der instinktiven Reaktion auf den Anblick oder das Geräusch, und nicht der, die durch Begehren oder bewusste Gedanken geweckt wird. Es ist die elementarste Form von Aufmerksamkeit oder geistiger Anstrengung, und bedeutet für den Verkäufer einfach: "Nun, ich sehe dich!" Manchmal ist der Interessent so beschäftigt oder auf andere Dinge konzentriert, dass er den Verkäufer kaum "sieht", bis er durch eine direkte Bemerkung einen zusätzlichen Anreiz erhält.

*II. Erster Eindruck.* Dieser Geisteszustand ist die flüchtige Verallgemeinerung, die sich aus dem ersten Eindruck des Gegenstandes der Aufmerksamkeit ergibt - der Werbung, der Suggestion, der Warenauslage oder des Verkäufers - und im letzten Fall aus dem allgemeinen Aussehen, der Handlung, der Art und Weise usw., wie sie im Lichte der Erfahrung oder der Assoziation interpretiert werden. Mit anderen Worten, der Interessent bildet eine voreilige allgemeine Vorstellung von der Sache oder Person, entweder günstig oder ungünstig, fast instinktiv und unbewusst. Das Ding oder die Person wird in der Erfahrung und der Erinnerung an die Vorstellung von anderen, die ihm ähneln, assoziiert oder eingeordnet, und das Ergebnis ist entweder ein guter, schlechter oder gleichgültiger Eindruck, der sich aus der Suggestion der Assoziation ergibt. Aus diesem Grund bemühen sich der Werbefachmann und der Schaufensterdekorateur, günstige und angenehme Assoziationserinnerungen und Anregungen zu wecken, und "stellt sein Bestes in den Vordergrund". Der Verkäufer bemüht sich, das gleiche zu tun und versucht, in seiner Annäherung "eine gute Figur zu machen", um diesen wertvollen, günstigen ersten Eindruck zu sichern. Die Menschen werden von diesen "ersten Eindrücken" oder Suggestionen des Aussehens, der Art und Weise usw. mehr beeinflusst, als sie zugeben wollen, und der Mensch, der sich mit Psychologie auskennt, legt großen Wert darauf. Ein günstiger erster Eindruck ebnet den Weg für das erfolgreiche Erreichen der späteren psychischen Zustände. Ein ungünstiger erster Eindruck kann zwar entfernt und später behoben werden, ist jedoch ein Handicap, das der Verkäufer vermeiden sollte.

(*Anmerkung:* Der mentale Prozess des Kaufs geht nun von der Phase der unwillkürlichen Aufmerksamkeit zu der von Wunsch und Gefühl inspirierten Aufmerksamkeit über, die sowohl die freiwilligen als auch die unwillkürlichen Elemente mit einbeziehen. Die ersten beiden Stufen dieser Form der Aufmerksamkeit sind als Neugierde und assoziiertes Interesse bekannt. In einigen Fällen geht die Neugier voraus, in anderen übernimmt das assoziierte Interesse die Führung, wie wir sehen werden. In anderen Fällen ist die Manifestation der beiden fast gleichzeitig).

*III. Die Neugier.* Dieser Geisteszustand ist wirklich eine Form von Interesse, aber er ist elementarer als das assoziierte Interesse, da er lediglich das Interesse an Neuem ist. Es ist das stärkste Interesse bei den Naturvölkern, bei Kindern und bei vielen Erwachsenen der elementaren Entwicklungsstufen und Denkgewohnheiten. Neugier ist die Form des Interesses, die fast instinktiv ist und die einen dazu bringt, die Aufmerksamkeit auf seltsame und neuartige Dinge zu richten. Alle Tiere besitzen sie in einem ausgeprägten Maß, wie die Fallensteller zu ihrem Vorteil herausgefunden haben. Affen besitzen sie in übermäßigem Maße, und auch die weniger entwickelten Individuen der menschlichen Gesellschaft manifestieren sie in hohem Maße. Sie ist in irgendeiner Weise mit den primitiven Bedingungen der Lebewesen verbunden und ist wahrscheinlich ein Erbe aus früheren und weniger sicheren Lebensbedingungen, wo die Neugier auf neue, neuartige und fremde Sehenswürdigkeiten und Geräusche eine Stärke und das einzige Mittel war, um Erfahrung und Bildung zu sammeln. Jedenfalls gibt es in der menschlichen Natur sicherlich eine entschiedene instinktive Neigung, das Unbekannte und Fremde zu erforschen - der Reiz des Geheimnisvollen; die Verlockung der geheimen Dinge; der verlockende Ruf des Rätsels; die Faszination des Rätsels.

Der Verkäufer, der in seinem Eröffnungsvortrag etwas vorstellen kann, das die Neugierde der Interessenten weckt, hat viel getan, um seine Aufmerksamkeit und sein Interesse zu wecken. Der Straßenecken-Fakir und der "Ausrufer" für die Freizeitpark-Show verstehen dieses Prinzip in der menschlichen Natur und sprechen es weitgehend an. Sie verbinden einem Jungen oder Mädchen die Augen oder machen seltsame Bewegungen oder Geräusche, um die Neugierde der Menge zu wecken und sie dazu zu bringen, sich um sie zu versammeln - all dies, bevor der eigentliche Appell an das Interesse erfolgt. Bei manchen Käufern geht die Neugier dem assoziierten Interesse voraus - das Interesse an Unbekanntem und Neuem geht dem praktischen Interesse voraus. Bei anderen geht das assoziierte Interesse - das durch Erfahrungen und Verbindungen angeregte praktische Interesse - der Neugier voraus, wobei sich Letztere einfach als Neugierde auf die Details des Objekts, das das assoziierte Interesse geweckt hat, äußert. In anderen Fällen sind Neugierde und assoziiertes Interesse so ineinander verschränkt und überlagert, dass sie fast wie eine Einheit und gleichzeitig wirken. Im Großen und Ganzen ist die Neugierde jedoch elementarer und roher als das assoziierte Interesse und kann in den meisten Fällen leicht unterschieden werden.

*IV. Assoziiertes Interesse.* Dieser psychische Zustand ist eine höhere Form des Interesses als die Neugier. Es ist ein praktisches Interesse an Dingen, die sich auf die eigenen Interessen im Leben, sein Wohl oder Wehe, seine Liebe oder seinen Hass beziehen, anstatt das bloße Interesse an der Neuheit der Kuriosität zu sein. Es ist eine erworbene Eigenschaft, während die Neugier praktisch eine instinktive Eigenschaft ist. Das erworbene Interesse entwickelt sich mit dem Charakter, dem Beruf und der Ausbildung, während sich die Neugier schon in den Anfängen des Charakters und vor der Ausbildung stark manifestiert. Erworbenes Interesse manifestiert sich stärker beim Menschen im Bereich Bildung, Erziehung und Erfahrung, während die Neugier ihre volle Ausprägung beim Affen, beim Wilden, beim Kleinkind und beim unkultivierten Erwachsenen hat. Wenn man die Beziehung zwischen den beiden erkennt, kann man sagen, dass die Neugier die Wurzel und das assoziierte Interesse die Blüte ist.

Das assoziierte Interesse hängt weitgehend vom Prinzip der Assoziation oder der Apperzeption ab, wobei Letztere definiert wird als "jener geistige Prozess, durch den die Wahrnehmungen oder Ideen in Beziehung zu unseren früheren Ideen und Gefühlen gebracht werden und dadurch eine neue Klarheit, Bedeutung und Anwendung erhalten". Die Apperzeption ist der mentale Prozess, durch den die uns präsentierten Gegenstände und Ideen von uns im Licht unserer bisherigen Erfahrungen, unseres Temperaments, unserer Vorlieben und Abneigungen, unseres Berufes, unserer Interessen, unserer Vorurteile usw. wahrgenommen und gedacht werden, statt so, wie sie tatsächlich sind. Wir sehen alles durch die farbige Brille unserer eigenen Persönlichkeit und unseres Charakters, sagt Halleck über die Apperzeption: "Eine Frau mag einen vorbeiziehenden Vogel als Zierde ihrer Haube wahrnehmen; ein Obstbauer, als Insektenvernichter; ein Dichter, als Sänger; ein Künstler, als ein feines Stückchen Farbe und Form. Die Hausfrau mag alte Lumpen als etwas empfinden, das man wegwerfen kann; ein Lumpensammler als etwas, das man aufsammeln muss. Ein Zimmermann, ein Botaniker, ein Ornithologe, ein Jäger und ein Geologe, die durch den Wald gehen, würden nicht die gleichen Dinge sehen." Die bekannte Geschichte der Lehrbücher illustriert dieses Prinzip. Sie erzählt, dass ein Junge auf einen Baum im Wald kletterte und die Passanten beobachtete und ihrem Gespräch zuhörte. Der erste Mann sagte: "Was für ein feines Stück Holz dieser Baum abgeben würde." Der Junge antwortete: "Guten Morgen, Mr. Carpenter." Der zweite Mann sagte: "Das ist eine feine Rinde." Der Junge antwortete: "Das ist eine schöne Rinde. "Guten Morgen, Mr. Tanner." Der dritte Mann sagte: "Ich wette, da sind Eichhörnchen auf dem Baum." Der Junge antwortete: "Guten Morgen, Mr. Hunter." Jeder der Männer sah den Baum im Licht seiner persönlichen Apperzeption oder seines assoziierten Interesses.

Psychologen bezeichnen mit dem Begriff "die apperzeptive Masse" die angesammelten früheren Erfahrungen, Vorurteile, Temperamente, Neigungen und Wünsche, die dazu dienen, die neue Wahrnehmung oder Idee zu modifizieren. Die "apperzeptive Masse" ist in Wirklichkeit der "Charakter" oder die "menschliche Natur" des Individuums. Sie unterscheidet sich notwendigerweise bei jedem Individuum, aufgrund der großen Vielfalt an Erfahrungen, Temperament, Bildung usw. der Individuen. Von der "apperzeptiven Masse" oder dem Charakter eines Menschen hängt die Art und der Grad seines Interesses ab, und die Gegenstände, die dazu dienen, ihn zu inspirieren und zu erregen.

Daraus folgt, dass der Verkäufer, um dieses assoziierte Interesse des potenziellen Kunden zu wecken, zu induzieren und zu halten, Dinge, Ideen oder Vorschläge präsentieren muss, die direkt an die Vorstellungskraft und die Gefühle des Menschen vor ihm appellieren und die mit seinen Wünschen, Gedanken und Gewohnheiten verbunden sind. Wenn wir uns für die zirkuläre Definition entschuldigen dürfen, würden wir sagen, dass das assoziierte Interesse eines Menschen nur durch interessante Dinge geweckt wird; und dass die interessanten Dinge diejenigen Dinge sind, die sich auf seine Anliegen beziehen. Die Interessen eines Menschen interessieren ihn immer - und seine Interessen sind gewöhnlich die Dinge, die seinen Vorteil, seinen Erfolg, sein persönliches Wohlergehen betreffen - kurz gesagt, seine Brieftasche, seine soziale Stellung, seine Hobbys, seinen Geschmack und die Befriedigung seiner Wünsche. Deshalb kann der Verkäufer, der das mentale Rampenlicht auf diese interessanten Dinge werfen kann, sein assoziiertes Interesse sichern und halten. Daher die Psychologie der wiederholten Aussage: "Ich kann Ihnen Geld sparen"; "Ich kann Ihren Umsatz steigern"; "Ich kann Ihre Ausgaben reduzieren"; "Ich habe eine große Auswahl"; oder "Ich kann Ihnen einen besonderen Vorteil verschaffen", etc.

Man kann ebenso gut eingestehen, dass das Geschäftsinteresse egoistisch und nicht altruistisch ist. Um einen Mann für ein geschäftliches Angebot zu interessieren, muß ihm gezeigt werden, wie es ihm in irgendeiner Weise zugutekommt. Er betreibt weder eine philanthropische Einrichtung noch einen Salesman's Relief Fund, noch ist er im Beruf für seine Gesundheit tätig - er ist da, um Geld zu verdienen, und um ihn zu interessieren, muss man ihm etwas zu seinem Vorteil zeigen. Und der erste Appell von assoziiertem Interesse ist sein eigenes Interesse. Es muss in der Kategorie der Erwähnung von "Ratten!" für einen Terrier oder "Süßigkeiten!" für ein Kind liegen. Es muss angenehme Assoziationen in seinem Geist und angenehme Bilder in seinem Gedächtnis wecken. Wenn dieser Effekt erzeugt wird, kann er schnell zu den folgenden Phasen der Fantasie und der Neigung bewegt werden. Wie Halleck sagt: "Jedes Gefühl neigt dazu, Lust zu erregen. * * * * Ein repräsentatives Gemälde des Begehrten ist der notwendige Vorläufer des Begehrens. Hätte das Kind nie Pfirsiche gesehen oder von ihnen gehört, hätte es kein Verlangen danach." Und nach dieser gleichen Formel können wir sagen, dass wenn das Kind einen Appetit auf Pfirsiche hat, wird es sich für die Idee der Pfirsiche interessieren. Und wenn Sie also "Pfirsiche!" zu ihm sagen, haben Sie sein assoziiertes Interesse, was zu einem geistigen Bild der Frucht führt, gefolgt von dem Wunsch, sie zu besitzen, und er wird Ihrem Vortrag über das Thema "Pfirsiche" zuhören.

Im Folgenden sind die allgemeinen psychologischen Regeln bezüglich der assoziierten Interessen aufgeführt:

I. Assoziierte Interessen beziehen sich nur auf interessante Dinge - das heißt auf Dinge, die mit den allgemeinen Wünschen und Vorstellungen verbunden sind.

II. Assoziiertes Interesse wird in Kraft und Wirkung nachlassen, es sei denn, es werden einige neue Eigenschaften oder Merkmale präsentiert - es erfordert Vielfalt in der Präsentation seines Gegenstandes.

Macbain sagt: "Einer der Verkäufer der Alten Schule, der den Handel im Mittleren Westen seit ca. dreißig Jahren betrieb und dieser Tätigkeit jahrzehntelang nachging, benutzte als Motto: 'Ich bin hier, um Ihnen Gutes zu tun'. Er machte seine Aussage auch nicht allgemein, indem er seinen Kunden sagte, wie er es machen könnte. Er ging direkt zu den wichtigen Angelegenheiten, die seine Kunden berührten. Er demonstrierte es ihnen, und diese persönliche Vorführung ist die Art, die den Verkauf ausmacht."

Denken Sie immer daran, dass die Phase des assoziierten Interesses an einem Kauf nicht mit der Phase der Demonstration und des Beweises identisch ist. Es ist der "Aufwärmprozess", der dem eigentlichen Verkaufsgespräch vorausgeht. Es ist die Phase des "Auftauens" der Aussicht und des Abschmelzens der eisigen Decke aus Vorurteilen, Vorsicht und Abneigung, die ihn umgibt. Erhöhen Sie Ihre Aussichten durch allgemeine Aussagen von assoziiertem Interesse, und lassen Sie die Kohlen durch positive, kurze, pointierte und zuversichtliche Aussagen über die guten Dinge, die Sie für den Käufer auf Lager haben, explodieren. Und denken Sie schließlich daran, dass der einzige Zweck Ihrer Bemühungen in diesem Stadium darin besteht, in ihm den Geisteszustand des ASSOZIERTEN INTERESSES zu erwecken! Blasen Sie diesen Funken immer wieder an, bis Sie die Glut der Fantasie und die Hitze der Begierde erreichen.

*V. Erwägung.* Dieser Geisteszustand wird definiert als: "Eine Untersuchung, Untersuchung oder Untersuchung von etwas." Es ist die Stufe nach der Neugier und dem damit verbundenen Interesse und neigt zu einer Untersuchung der Sache, die diese Gefühle erregt hat. Der Betrachtung muss natürlich ein Interesse vorausgehen und von diesem begleitet werden. Es ist die Phase der durch das Gefühl erregten Aufmerksamkeit, aber auch eine gewisse freiwillige Aufmerksamkeit manifestiert sich damit. Es ist die "Ich denke, ich werde mich mit dieser Sache befassen" Phase des geistigen Kaufprozesses. Sie zeigt sich meist in der Veranlagung, Fragen zu dem Angebot zu stellen und "zu sehen, was es da überhaupt gibt". In der Verkaufstechnik markiert diese Phase der Überlegung den Übergang von der Phase der Annäherung des Verkäufers zu der der Demonstration. Sie markiert den Übergang vom passiven Interesse zum aktiven Interesse - von der Phase des "bloßen Interesses" an einer Sache zu der der "interessierten Untersuchung". Hier beginnt die eigentliche Verkaufsarbeit des Verkäufers. Hier beginnt er, sein Angebot im Detail zu beschreiben und die wünschenswerten Punkte zu betonen. Im Falle einer Werbung oder eines Schaufensteraushangs geht die geistige Operation im Kopf des Käufers in gleicher Weise vor sich, aber ohne die Hilfe des Verkäufers. Das "Verkaufsgespräch" der Anzeige muss im Text der Anzeige angegeben oder angedeutet werden. Wenn die Betrachtung günstig ist und genügend starke Anziehungskraft des Angebots oder des Artikels zeigt, geht die Geisteshaltung des Käufers in die nächste Stufe des Prozesses über, die man als:

*VI. Vorstellungskraft.* Dieser Geisteszustand wird definiert als: "Die Ausübung jener Macht oder Fähigkeit des Geistes, durch die er ideale Bilder von Dingen entwirft und formt, die ihm durch die Sinnesorgane mitgeteilt werden. Im mentalen Prozess eines Kaufs nimmt das Vorstellungsvermögen die Idee des Objekts auf, an dem das assoziierte Interesse geweckt wurde und das zum Gegenstand der Betrachtung gemacht wurde, und versucht, sich das Objekt im Gebrauch und in unterschiedlicher Weise oder als im Besitz des Käufers befindlich vorzustellen. Der Käufer muss seine Vorstellungskraft nutzen, um zu erkennen, wie gut ein Gegenstand für ihn sein wird; wie er ihn nutzen kann; wie er aussehen wird; wie er sich verkaufen wird; wie er seinen Zweck erfüllen wird; wie er beim Kauf "funktioniert" oder " nützlich sein wird". Eine Frau, die auf einen Hut schaut, wird ihre Fantasie einsetzen, um sich vorzustellen, wie sie darin aussehen wird. Der Mann, der das Buch anschaut, wird seine Vorstellungskraft nutzen, um sich den Gebrauch und die Freude daran vorzustellen. Der Geschäftsmann wird seine Vorstellungskraft nutzen, um sich den wahrscheinlichen Verkauf der Waren, ihre Auslage, ihre Anpassungsfähigkeit an seinen Betrieb usw. vorzustellen. Ein anderer wird sich vorstellen, wie er sich an den Gewinnen aus seinem Kauf erfreut. Die Vorstellungskraft spielt eine wichtige Rolle in der Psychologie des

Verkaufs. Sie ist der direkte Anstifter von Lust und Neigung. Der erfolgreiche Verkäufer erkennt dies und nährt die Flamme der Imagination mit dem Öl der Suggestion. Tatsächlich erhält die Suggestion ihre Kraft durch die Vorstellungskraft. Die Vorstellungskraft ist der Kanal, durch den die Suggestion den Geist erreicht. Verkäufer und Werbetexter bemühen sich, durch geschickte Wortmalerei die Fantasie ihrer potentiellen Kunden zu wecken. Die Imagination ist der "direkte Draht" zur Sehnsucht. Von der Imagination ist es ein kurzer Schritt zur nächsten geistigen Stufe, die bezeichnet werden soll mit:

*VII. Neigung.* Dieser mentale Zustand wird definiert als: "Eine Tendenz des Geistes oder Willens; Lust; Hang dazu." Es ist das "Wollen"-Gefühl. Es ist der Geisteszustand, bei dem das Begehren ein fortgeschrittenes Stadium erreicht hat. Die Neigung hat viele Grade. Von einer schwachen Neigung oder Beugung in eine bestimmte Richtung steigt sie in der Skala auf, bis sie zu einer gebieterischen Forderung wird, die kein Hindernis und keinen Widerstand kennt. Viele Begriffe werden verwendet, um die verschiedenen Stufen der Neigung zu bezeichnen, wie zum Beispiel Begehren, Wunsch, Verlangen, Bedürfnis, Vorliebe, Hang, Liebe, Zuneigung, Genuss, Sehnsucht, Streben, Ehrgeiz, Appetit, Hunger, Leidenschaft, Begierde, Lust, etc.

Das Verlangen ist eine seltsame geistige Eigenschaft, und eine sehr schwer zu definierende. Es ist mit dem Gefühl auf der einen Seite und mit dem Willen auf der anderen Seite verbunden. Das Gefühl steigt zum Begehren auf, und das Begehren steigt in die Phase des Willens und versucht, sich in Handlungen auszudrücken. Halleck sagt über das Begehren: "Es hat für seinen Zweck etwas, das dem Individuum oder jemandem, um den es sich handelt, Freude bereitet oder den Schmerz beseitigt, sei es unmittelbar oder mittelbar. Abneigung, oder das Streben, von etwas wegzukommen, ist lediglich der negative Aspekt des Begehrens." Die Neigung in ihren verschiedenen Stadien wird durch die Appelle an die Gefühle durch die Vorstellungskraft geweckt. Die Gefühle, die mit den verschiedenen Facetten verbunden sind, werden durch einen direkten Appell an sie über die Vorstellungskraft und die Lust oder die gewünschten Ergebnisse zum Handeln angeregt. Der Appell an die Begierde wird zu einem Gefühl führen, das zu Neigung und Gewinnstreben führt. Der Appell an die Approbativität wird ebenfalls in seinem eigenen Bereich wirken. Und so weiter durch die Liste, wobei jedes gut entwickelte Denkvermögen durch den entsprechenden Appell über die Vorstellungskraft zum Fühlen angeregt wird und so die Neigung hervorruft, die wiederum danach strebt, sich durch den Willen in einer Handlung auszudrücken.

Kurzum, jeder Mensch hat ein Bündel von allgemeinen Wünschen, deren Art und Ausmaß durch seine verschiedenen Fähigkeiten gegeben sind, und die aufgrund von Vererbung, Umgebung, Ausbildung, Erfahrung usw. entstehen. Diese Wünsche können durch die richtige emotionale Ansprache durch die Vorstellungskraft und durch Suggestion auf ein bestimmtes Objekt hin angeregt werden. Das Verlangen muss erst geschaffen oder geweckt werden, bevor man handeln kann, oder der Wille sich in der Handlung manifestiert. Denn schließlich tun wir Dinge nur, weil wir "wollen", direkt oder indirekt. Daher ist das wichtige Ziel des Verkäufers, seinen Interessenten "wollen" zu lassen. Und um ihn dazu zu bringen, "wollen" zu wollen, muss er ihm klarmachen, dass sein Angebot darauf ausgerichtet ist, "dem Einzelnen oder jemand anderem, an dem er interessiert ist, Freude zu bereiten oder Schmerzen zu beseitigen, sei es unmittelbar oder entfernt. Im Geschäftsleben können die Worte "Gewinn und Verlust" anstelle von "Vergnügen und Schmerz" verwendet werden, obwohl sie in Wirklichkeit nur Formen des letzteren sind. Aber selbst wenn die Perspektive auf das Stadium starker Neigung oder Begierde gebracht wird, bewegt sich der Kunde nicht immer, um diese zu befriedigen. Warum ist das so? Welcher andere geistige Prozess stört ihn? Sehen wir es uns an, wenn wir zur nächsten Stufe des Kaufs übergehen, die so genannte:

*VIII. Überlegung.* Dieser psychische Zustand wird definiert als: "Der Akt des Überlegens und Abwägens von Fakten und Argumenten im Geist, ruhig und sorgfältig." Hier manifestiert sich der Akt des Denkens und der Vernunft - der mentale Prozess des Abwägens und Ausgleichens von Fakten, Gefühlen und Neigungen. Denn es sind nicht nur Fakten und Beweise, die in der mentalen Waage gewogen werden, sondern auch Gefühle, Wünsche und Ängste. Reines logisches Denken neigt zu strengen logischen Prozessen, die auf unwiderlegbaren Fakten basieren, das stimmt - aber es gibt nur wenig reines logisches Denken. Die Mehrheit der Menschen wird mehr von ihren Gefühlen und Neigungen - ihren Vorlieben und ihren Ängsten - als von der Logik beherrscht. Es ist gesagt worden: "Die Menschen suchen keine Gründe, sondern Ausreden, um ihren Gefühlen zu folgen." Die eigentliche Überlegung ist in den meisten Fällen die Abwägung der wahrscheinlichen Vor- und Nachteile - von verschiedenen Vorlieben und Abneigungen - von Hoffnungen und Ängsten.

Man sagt, dass unser Verstand von Motiven kontrolliert wird - und das stärkste Motiv gewinnt. Wenn wir denken, dass wir uns eine Sache sehnlichst wünschen, stellen wir oft fest, dass uns auch etwas anderes besser gefällt, oder dass wir vielleicht etwas anderes mehr fürchten, als wir uns die erste Sache wünschen. In einem solchen Fall siegt das stärkste oder drängendste Gefühl. Die Fähigkeiten üben hier ihre unterschiedlichen Einflüsse aus. Die Vorsicht steht der Wissbegierde entgegen. Wissbegierde steht der Gewissenhaftigkeit entgegen. Furcht steht der Festigkeit entgegen. Und so weiter. Die Überlegung ist nicht nur die Abwägung der Fakten, sondern auch die Abwägung der Gefühle.

Der Prozess der Deliberation (Lat. „Beratschlagung" oder „Überlegung") - das Abwägen der Wünsche - das Spiel und Gegenspiel der Motive - wird durch eine Szene in einer klassischen französischen Komödie gut illustriert. "Jeppe", eine der Figuren, hat von seiner Frau Geld bekommen, um ihr einen Stück Seife zu kaufen. Er zieht es vor, mit der Münze ein Getränk zu kaufen, denn seine Neigungen tendieren in diese Richtung. Aber er weiß, dass seine Frau ihn schlagen wird, wenn er das Geld so vergeudet. Er überlegt sich, welche Freude er mit dem Getränk haben will und welche Schmerzen ihm die Schläge bereiten würden. "Mein Magen sagt: Trinken Sie, mein Rücken sagt: Seife", erzählt Jeppe. Er überlegt weiter. Und dann..: "Mein Magen sagt Ja! Mein Rücken sagt Nein!", jammert der arme Kerl. Der Konflikt zwischen Rücken und Bauch wütet noch heftiger. Dann kommt der entscheidende Punkt: "Liegt mir nicht der Magen mehr als der Rücken? Doch, das stimmt! Ich sage Ja!", schreit Jeppe. Und er marschiert zur Taverne. Es wurde angemerkt, dass, wenn die aktive Suggestion des entfernten Anblicks seiner mit dem Knüppel bewaffneten Frau hinzugekommen wäre, Jeppe die Seife gekauft hätte. Oder wäre die Taverne nicht so griffbereit gewesen, wäre das Ergebnis vielleicht anders gewesen. Manchmal gibt ein geistiger Strohhalm den Ausschlag. Die obige Illustration enthält die gesamte Philosophie der Handlung des Geistes im Prozess der Deliberation. Der Verkäufer wird gut daran tun, sich daran zu erinnern.

Halleck führt also die unmittelbaren und entfernten Faktoren bei der Wahl gut aus: "Die unmittelbaren Faktoren sind * * * * (1) ein vorausgegangener Prozess des Begehrens; (2) die Anwesenheit von mehr als einem dargestellten Objekt oder Zweck im Bewusstsein, um einen alternativen Handlungsweg anzubieten; (3) die Überlegung bezüglich der jeweiligen Vorzüge dieser Gegenstände; (4) das freiwillige Aussprechen einer Entscheidung, die das Wesen des Willens am ehesten zu verkörpern scheint. Die entfernten Faktoren sind äußerst schwierig auszuwählen. Die Zusammenfassung des Menschen wird mehr als irgendwo sonst in der Wahl wahrgenommen. * * * * Bevor eine zweite Person das Ergebnis abschätzen könnte, müsste sie bestimmte abgelegene Einflussfaktoren kennen, vor allem die Hauptperson: (1) Vererbung; (2) Umgebung; (3) Erziehung; (4) individuelle Eigenheiten." Vielleicht hat diese wichtige Person noch ein weiteres Element hinzugefügt - das Allerwichtigste wie folgt: (5) VORSCHLAG.

Der Verkäufer, der die sich wandelnde Skala der Deliberation genau beobachtet, fügt ein aussagekräftiges Argument oder einen Vorschlag in die Skala ein, der seiner Seite in einer kritischen Phase Gewicht verleiht. Er tut dies auf viele Arten. Er kann einen Einwand durch eine Gegenfrage neutralisieren. Er fügt hier einen weiteren Beweis oder eine weitere Tatsache hinzu - ein wenig mehr Lust und Gefühl dort, bis er die Waage zu einer Entscheidung führt. Es muss daran erinnert werden, dass diese Abwägung sich nicht auf die Wünschbarkeit des Vorschlags bezieht - der Interessent hat seinen Wunsch zugegeben, entweder direkt oder indirekt, und ist nun damit beschäftigt, seinen Wunsch durch Vernunft und Zweckmäßigkeit zu rechtfertigen. Er sucht nach Gründen oder "Ausreden", um seinen Wunsch zu untermauern, oder er versucht vielleicht, ein Gleichgewicht seiner widersprüchlichen Wünsche und Gefühle zu finden. Seine mentale Debatte dreht sich nicht um die Frage des Begehrens, sondern um die Zweckmäßigkeit und das wahrscheinliche Ergebnis des Kaufs der Ware. Es ist die Phase "kaufen oder nicht kaufen". Dies ist ein heikler Teil des Kaufprozesses, und viele Interessenten verhalten sich während des Prozesses wie "Wippen". Der clevere Verkäufer muss mit dem richtigen Argument am richtigen Ort bereit sein. Für ihn ist dies die Phase der Argumentation. Wenn die Bemühungen des Verkäufers erfolgreich sind, sinkt das Gleichgewicht, und der Prozess geht in die nächste Phase über, die bekannt ist als -

*IX. Entscheidung.* Diese mentale Phase wird definiert als: "Der geistige Akt des Entscheidens, Bestimmens oder Erledigens von Punkten, Fragen, Differenzen oder Wettbewerben." Es ist der Akt des Willens, der den Streit zwischen den sich bekriegenden Eigenschaften, Gefühlen, Ideen, Wünschen und Ängsten schlichtet. Es ist der Willensakt, der auf der Grundlage der Vernunft oder (leider! allzu oft, auf bloßem Gefühl) handelt. Ohne in eine metaphysische Diskussion einzutreten, wollen wir Sie daran erinnern, dass die praktische Psychologie der Gegenwart davon ausgeht, dass "das stärkste Motiv im Moment die Wahl gewinnt". Dieses stärkste Motiv kann von der Vernunft oder vom Gefühl her kommen; bewusst oder unbewusst; aber das stärkste Motiv muss es in diesem Moment sein, sonst würde es nicht gewinnen. Und dieses stärkste Motiv ist das stärkste allein aufgrund unseres Charakters oder unserer "Natur", wie sie sich in diesem bestimmten Moment, in dieser bestimmten Umgebung, unter den bestimmten Umständen und in Abhängigkeit von den bestimmten Suggestionen manifestiert. Die Wahl hängt mehr von der Assoziation ab, als wir im Allgemeinen erkennen, und die Assoziation wird durch die Suggestion geweckt. Wie Halleck sagt: "Es ist nicht Sache des Psychologen, zu sagen, welche Macht die Assoziation von Ideen haben sollte. Es ist seine Aufgabe, zu bestimmen, welche Macht sie hat." Und wie Ziehen sagt: "Wir können nicht denken, wie wir wollen, aber wir müssen so denken, wie es die zufällig vorhandenen Assoziationen vorschreiben." In diesem Fall muss der Verkäufer erkennen, dass die Entscheidung immer auf (1) den mentalen Zuständen des Mannes in diesem Moment basiert; plus (2) den zusätzlichen Motiven, die der Verkäufer liefert. Es ist "Sache" des Verkäufers, diese Motive zu liefern, ob es sich dabei um Fakten, Beweise, Appelle an die Vernunft oder Gefühlserregung handelt. Hoffnung, Ängste und Abneigungen - das sind in den meisten Fällen die starken Motive. In der Geschäftswelt sind diese Dinge als "Gewinn oder Verlust" bekannt. Alle Fähigkeiten des Geistes liefern Motive, die erregt wurden und die in die Waagschale geworfen wurden, um die Entscheidung zu beeinflussen. Das ist es, was Argument, Demonstration und Appell versuchen, Motive zu liefern.

(Anmerkung: - Es könnte natürlich angenommen werden, dass, wenn die Endphase der Entscheidung erreicht ist, der mentale Prozess des Kaufs am Ende ist. Aber das ist nicht der Fall. Der Wille hat drei Phasen: Wunsch, Entscheidung und Aktion. Wir haben die ersten beiden durchlaufen, aber die

Handlung ist noch nicht ausgeführt. Ein bekanntes Beispiel ist der Mann, der morgens im Bett liegt. Er überlegt sich, ob er aufstehen soll, und entscheidet sich schließlich zum Aufstehen. Aber es kommt nicht unbedingt zur Aktion. Der Auslöser der Aktion wurde nicht betätigt und die Feder freigegeben. So haben wir also einen weiteren psychischen Zustand, bekannt als:-)

*X. Aktion.* Dieser psychische Zustand wird definiert als: "Wille in die Tat umgesetzt." Mill sagt: "Was ist nun eine Handlung? Nicht eine, sondern eine Kombination aus zwei Dingen: der Geisteszustand, der als Wille bezeichnet wird, gefolgt von einer Wirkung. Der Wille oder die Absicht, die Wirkung zu erzeugen, ist eine Sache; die Wirkung, die als Folge der Absicht erzeugt wird, ist eine andere Sache; beides zusammen bildet die Handlung." Halleck sagt: "Für einen vollendeten Willensakt muss es eine Handlung entlang der Linie der Entscheidung geben. So manche Entscheidung hat die motorischen Zentren noch lange nicht zum Handeln angeregt und die Aufmerksamkeit nicht stimuliert. Es gibt Personen, die im Laufe eines Morgens ein Dutzend Entscheidungen treffen können und niemals eine davon ausführen. Wenn man in einem bequemen Stuhl sitzt, kann es eine einzige, aber sehr kurze Zeit dauern, um eine Entscheidung zu treffen, die Monate harter Arbeit erfordert. * * * * Manche Menschen können nie verstehen, dass die Entscheidung, eine Sache zu tun, nicht dasselbe ist wie sie zu tun. * * * * Es mag Wunsch, Überlegung und Entscheidung geben; aber wenn diese nicht zu einer Handlung auf der angegebenen Grundlage führt, ist der Prozess des Willens praktisch unvollständig." So mancher Mensch entscheidet sich, eine Sache zu tun, aber es fehlt ihm das Nötige, um die Bewegungsimpulse auszulösen. Sie neigen dazu, den letzten Akt zu verzögern und hinauszuzögern. Diese Leute sind für den Verkäufer eine Quelle großer Sorgfalt und Arbeit. Manche Männer können ihre Interessenten zum entscheidenden Punkt bringen, aber sie bringen sie nicht zum Handeln. Andere scheinen besonders geeignet zu sein, diese Fälle "abzuschließen". Es erfordert ein besonderes Geschick beim "Abschluss" - die Anstrengung ist rein psychologisch. Wir werden es in einem späteren Kapitel unter der Überschrift "Abschluss" betrachten. Ein guter "Abschließer" zu sein, ist der Ehrgeiz eines jeden Verkäufers, denn es ist der bestbezahlte Zweig seines Berufs. Es hängt weitgehend von der wissenschaftlichen Anwendung der Suggestion ab. Einen Interessenten zum Handeln zu führen, heißt, den Hebel seines Willens zu betätigen. Zu diesem Zweck ist die gesamte bisherige Arbeit darauf ausgerichtet. Seine Psychologie ist subtil. Was veranlasst Sie, morgens aufzustehen, nachdem Sie sich mehrmals "entschieden haben", ohne dass es zu einer Handlung kommt? Dies zu verstehen, bedeutet, den Prozess der letzten Aktion im Kopf des Käufers zu verstehen. Lohnt es sich nicht mehr zu erfahren?

In den folgenden Kapiteln werden wir die verschiedenen Stufen des "Verkaufsfortschritts des Vertreters" auf dem Weg zum Verkauf betrachten - die Annäherung, die Demonstration und das Abschließen. In diesen Phasen des Verkaufs, werden wir die Aktion und Reaktion auf den Geist des Käufers sehen, in Anlehnung an die Psychologie des Kaufs. Beim Verkauf-Einkauf treffen sich die Gedanken des Verkäufers und des Käufers. Das Ergebnis ist der unterzeichnete Auftrag. Der psychologische Prozess des Verkaufs ähnelt dem Verlauf eines Schach- oder Dame-Spiels. Und auch das Ergebnis ist nicht das Ergebnis des Zufalls - jedem liegen gut definierte Prinzipien zugrunde, und es werden bewährte Methoden für den Lernenden aufgestellt.

# KAPITEL VIII DIE ANNÄHERUNG

Erfahrene Verkäufer sind der Meinung, dass es in der Psychologie des Verkaufs keine wichtigere Stufe oder Phase gibt als die Einführungsphase - die Phase der Annäherung. Pierce sagt: "Erfahrene Verkäufer werden Ihnen sagen, dass die ersten fünf Minuten vor einem Interessenten mehr wert sind als der ganze Rest, wenn es darum geht, den Zuschlag zu bekommen. Und warum? Weil sich der Interessent dann einen Eindruck von Ihnen macht. Normalerweise ist er verpflichtet, diese schnelle Einschätzung des Menschen, den er trifft, zu treffen, um seine Zeit für wichtige Aufgaben zu sparen. Deshalb ist es Ihre Pflicht, diesen ersten Eindruck so gut wie möglich zu vermitteln. Und der beste Weg, diesen zu entwickeln, ist, echt zu sein." Aber es darf nie aus den Augen verloren werden, dass der erste Eindruck nur dazu dient, einen Zugang für die feine Kante Ihres Keiles der Verkaufskunst zu erhalten, den Sie dann zu seinem konsequenten Abschluss bringen müssen,- dem Auftrag. Ein Eindruck um des Eindrucks willen ist ein Trugschluss. Erinnern Sie sich an die alte Geschichte des Verkäufers, der sagte, er mache keine Verkäufe, sondern "einen guten Eindruck bei den Kunden". Die Firma telegrafierte ihm zurück: "Gehen Sie raus und machen Sie mehr Eindruck - auf einer Schneewehe." Verlieren Sie nicht den wahren Gegenstand Ihrer Arbeit aus den Augen, wenn Sie die vorläufigen Ergebnisse erhalten.

Die Firma Nationalkasse weist ihre Verkäufer bezüglich des ersten Eindrucks wie folgt an: "Denken Sie daran, dass die ersten fünf Minuten eines Gesprächs mit einem Menschen wahrscheinlich zu einem Verkaufsabschluss führen werden oder auch nicht. Wenn Sie in irgendeiner Weise feindselig oder beleidigend zu ihm sind, haben Sie Ihre Chancen von Anfang an stark beeinträchtigt. Wenn Sie es versäumt haben, ihm definitiv zu gefallen oder ihn anzuziehen, haben Sie nicht genug getan. Es reicht nicht aus, einfach nur eine schlechte Figur zu machen. Sie sollten einen positiven, angenehmen Eindruck machen, und zwar nicht durch Schmeichelei, Witz oder Cleverness. Der einzig richtige Weg, die Sympathie eines Menschen zu gewinnen, ist, sie zu verdienen. Die Mehrheit der Menschen weiß oft nicht, was die Eigenschaften eines Menschen sind, die ihn angenehm oder unangenehm machen; aber sie fühlen sich erfreut oder unzufrieden, angezogen oder abgestoßen oder gleichgültig, und das Gefühl ist eindeutig und ausgeprägt, auch wenn sie nicht verstehen können, was genau es ausmacht. Ein Ladenbesitzer in der kleinsten Form des Geschäfts in einem kleinen Dorf auf dem Lande ist genauso anfällig für Freude oder Beleidigung wie jeder Kaufmannsfürst. Man darf nie vergessen, dass, egal welche Stellung er einnimmt, 'ein echter Mensch ist für so etwas'."

Es ist nicht so sehr das, was ein Mensch sagt, wenn er sich der Situation nähert, sondern die Art, wie er sich verhält. Es ist eher seine Art, als seine Rede. Und die Grundlage seines Verhaltens ist seine geistige Einstellung. Ohne auf subtile psychologische Theorien einzugehen, können wir sagen, dass es als Arbeitshypothese akzeptiert werden kann, dass ein Mann seinen mentalen Zustand ausstrahlt, und dass diejenigen, denen er sich nähert, diese Ausstrahlungen spüren. Es kann die Suggestion der Art und Weise sein, oder es kann etwas Subtileres sein - es ist sinnlos, hier Theorien zu diskutieren, wir haben nicht die Zeit - Tatsache ist, dass es so wirkt, als würde die Ausstrahlung wirken. Wenn man dies erkennt, wird man sehen, dass die mentale Einstellung des Mannes bei der Annäherung stimmen muss. In den vorhergehenden Kapiteln haben wir Ihnen viel über die Faktoren gesagt, die die mentale Einstellung erzeugen. Jetzt ist es an der Zeit, das zu manifestieren, was Sie gelernt und praktiziert haben - denn Sie sind dabei, die Annäherung zu vollziehen.

Denken Sie an Holmans Katechismus, von dem wir Ihnen erzählt haben. Bewahre deine Selbstachtung und erinnere dich, dass du ein Mensch bist. Pierce sagt dazu: "Ein Grund dafür ist, dass bei deiner Arbeit Selbstachtung nötig ist. Und Selbstachtung kann man nicht erlangen, wenn es an Vertrauen in die eigenen Fähigkeiten oder in die eigenen Güter fehlt. Wenn man davon ausgeht, dass man nur ein Angebot macht, das man selbst mit Begeisterung unterstützen kann, darf man nicht vergessen, dass man mit seiner Ware dem Händler absolut ebenbürtig ist. Daher sprechen Sie mit ihm sozusagen Schulter an Schulter. Sie sind nicht der Sklave eines Herrn! Wie ein Mietsknecht eines Herrn; wie ein Wurm auf einem Berg; obwohl dies die übliche Haltung ist, die ungeschulte Vertreter bewusst oder unbewusst einnehmen. Denn diese Leute sind scheu. Sie haben das Gefühl, dass sie ihre Waren besser kennen. Vielleicht haben sie das Gefühl, dass der Interessent ihre Ware oder die der Konkurrenz besser kennt als sie selbst. Angst steht ihnen bei der Annäherung ins Gesicht geschrieben. Neun Zehntel der Angst sind auf die Unkenntnis der Waren zurückzuführen. Das andere Zehntel ist mangelnde Erfahrung."

Zu dieser Frage der Angst würden wir sagen, dass die Erfahrung der Mehrheit der Personen, die ein aktives und anstrengendes Leben gelebt haben und sich mit allen möglichen Menschen unter allen möglichen Umständen getroffen haben, ist, dass die Ursache der Angst vor Menschen und Dingen hauptsächlich in der Vorstellung existiert. Es ist eher die Angst vor der Erwartung als die Angst vor den tatsächlichen Gegebenheiten. Es ist wie die Angst, die man fühlt, wenn man sich der Praxis eines Zahnarztes nähert - schlimmer als die tatsächliche Erfahrung des Stuhls. Spannung und ängstliche Erwartung sind zwei der großen Quellen menschlicher Schwäche. Die Erfahrung zeigt uns, dass die meisten Dinge, die wir fürchten, nie passieren; dass die Dinge, die passieren, nie so schlimm sind, wie wir befürchtet hatten. Darüber hinaus lehrt uns die Erfahrung, dass wir, wenn wir mit einer wirklichen Schwierigkeit konfrontiert werden, gewöhnlich die Kraft und den Mut bekommen, sie zu bewältigen oder zu ertragen - während in unseren Momenten der ängstlichen Erwartung diese hilfreichen Faktoren nicht offensichtlich sind. Entscheidend für den Moment sind die Übel, die uns belasten - es sind nicht die Schwierigkeiten des Augenblicks, die uns niederdrücken, sondern die Lasten zukünftiger Momente, die wir zu unserer Last hinzugefügt haben. Die Regel ist, jeder Frage oder jedem Hindernis zu begegnen, wenn es auftaucht, und nicht die Angst vor Schwierigkeiten über die Arbeit des Moments hinaus zu tragen. Überquere deine Brücke nicht, bis du zu ihr kommst. Die meisten gefürchteten Dinge schmelzen weg, wenn man auf sie zukommt - sie nehmen an der Natur der Fata Morgana teil. Es sind Geister der Dinge, die sich nie verwirklichen, die uns die größte Angst machen. Verbannen Sie die Angst aus Ihrer mentalen Einstellung, wenn Sie näherkommt.

Aber, ein Wort der Warnung hier: Werden Sie nicht "frisch" oder frech, weil Sie sich selbstsicher und furchtlos fühlen. Während Sie sich bewusst sind, dass Sie ein Mensch sind, vergessen Sie nicht, dass auch die Erwartungshaltung so ist. Unverschämtheit ist eher ein Zeichen von Schwäche, als von Stärke - starke Typen stehen über dieser belanglosen Sache. Seien Sie höflich und zuvorkommend. Der wahre Gentleman ist sowohl anständig als auch höflich. Und nach allem, was gesagt und getan wird, ist die beste Annäherung, die ein Verkäufer machen kann, die eines GENTLEMANs. Dieser wird auf lange Sicht gewinnen, und das Bewusstsein, so gehandelt zu haben, wird den Verkäufer stärken und seine Selbstachtung bewahren. Denken Sie daran, nicht nur die Selbstachtung eines Gentleman zu manifestieren, sondern auch die Pflichten der Höflichkeit und des Entgegenkommens zu beachten, die einem Gentleman obliegen. Noblesse oblige ... "Adel verpflichtet."

Wenn Sie eine Handlungsmaxime und ein Benehmen wollen, nehmen Sie diese: "Handle, wie es sich für einen Gentleman gehört." Wenn Sie einen Prüfstein wollen, an dem Sie Manieren und Verhalten testen können, nehmen Sie dies: "Ist das die Tat eines Gentleman?" Wenn Sie diesen Ratschlag befolgen, werden Sie sich eine Art und Weise aneignen, die der auf künstlichen Regeln oder Prinzipien basierenden weit überlegen sein wird - eine natürliche Art und Weise - denn die Art und Weise eines Gentleman ist der Ausdruck wahrer und reiner Höflichkeit und wird als solche von allen respektiert werden, ob sie selbst sie beachten oder nicht. Wir haben viele Fälle gesehen, in denen die Aufrechterhaltung des wahren Gentleman-Geistes unter starker Provokation die Rüpelhaftigkeit völlig entwaffnet und Freundschaft und Achtung von denen gewonnen wurde, die sich ihr früher scheinbar widersetzten.

Das erste psychologische Element eines Verkaufs ist das des ersten Eindrucks auf den Käufer. Und der Eindruck muss von einer günstigen Art sein. Es darf nichts geben, was einen schlechten Eindruck erweckt, denn das lenkt die Aufmerksamkeit vom Zweck der Annäherung an den jeweiligen Gegenstand ab und erweckt zugleich einen unangenehmen Eindruck. Der erste Punkt, der der Aufmerksamkeit vorausgeht, ist, den Namen des Gegenübers zu kennen; und wenn möglich, wo er sich gerade befindet. Nichts ist für den Verkäufer demoralisierender und wird den psychologischen Einfluss der Annäherung eher aufbrechen, als die Unkenntnis des Namens und der Identität des Menschen, den Sie sehen möchten. Die falsche Annäherung, die durch eine Verwechslung der Person verursacht wird, sollte vermieden werden. Wenn Sie Ihren Mann nicht kennen, oder nicht wissen, wo er sich im Büro befindet, ist es gut, sich bei den anderen Anwesenden zu erkundigen, natürlich höflich, wo der Schreibtisch von "Mr. X" ist. Wenn Sie diese Frage an "Mr. X" selbst stellen, können Sie sich leicht auf den Anlass einstellen. Das Fiasko, sich "Mr. A" anzunähern und ihn als "Mr. X" zu begrüßen, kann verwirrend und schwächend sein und neigt dazu, das Element der Lächerlichkeit in das Interview zu bringen, es sei denn, der Verkäufer hat das Fingerspitzengefühl und den Witz, es einfach umzusetzen. Wenn möglich, vermeiden Sie es, nach "dem Eigentümer" zu fragen oder einen Mann zu fragen: "Sind Sie der Eigentümer?" Wenn Sie den Namen des Eigentümers nicht kennen, fragen Sie jemanden danach.

Die Leute von der Nationalkasse sagen ihren Verkäufern: "Es ist offensichtlich unpassend, eine bestimmte Form von Wörtern zu verwenden und von den Verkäufern zu verlangen, dass sie diese in allen Fällen verwenden, wenn sie sich beim ersten Gespräch an die Geschäftsleute wenden. Was für einen Einzelnen unter gegebenen Umständen angemessen wäre, kann für einen anderen unter anderen Umständen unpassend sein. Vieles muss dem Verkäufer überlassen bleiben. Gleichzeitig gibt es bestimmte Leitaussagen und bestimmte Arten, diese zu machen, die erfahrungsgemäß gut auf den Zweck abgestimmt sind. * * * Es ist nicht notwendig, dass das Einführungsgespräch lang sein muss. Oftmals ist ein kurzer Vortrag überzeugender. Wir raten Verkäufern nicht dazu, sich durch das Einsetzen einer Karte vorzustellen, sondern ziehen es vor, dass sie sich ganz darauf verlassen, was sie sagen können, um sich ein Gehör zu verschaffen. Wir lehnen obskure Einleitungen und alle Tricks ab und glauben, dass ein Mann, der etwas zu sagen hat und sich für sein Geschäft nicht schämt, seine Sache auf eine mutige, unkomplizierte Weise bekannt machen kann. Ein Verkäufer sollte sich an seinen Gesprächspartner anpassen, aber gleichzeitig sollte er eine feste Vorstellung davon haben, was er zu sagen hat. Er sollte würdevoll und ernsthaft sein. * * * * Sobald es Ihnen gelingt, den Besitzer zu erreichen und Sie ihm "Guten Morgen" gesagt haben ... Sind Sie Mr. Johnson?', dann sagen Sie direkt und deutlich: 'Ich vertrete die National Cash Register Company.' Damit sind Sie sofort auf der sicheren Seite, und wenn er etwas gegen Ihr Geschäft zu sagen hat, wird er sofort das Feuer auf sich ziehen. Wenn er nichts zu sagen hat, gehen Sie sofort zum geschäftlichen Teil über, aber sagen Sie auf keinen Fall: "Ich habe angerufen, um Ihnen eine Registrierkasse zu verkaufen", oder "Ich habe angerufen, um Ihnen von unseren Registrierkassen zu erzählen", sondern drücken Sie es eher so aus: "Ich möchte Sie für unsere Methoden zur Abwicklung von Geschäften mit Kunden in Ihrem Geschäft interessieren. Der Unterschied zwischen den beiden Arten zu sagen ist, dass die eine mit Ihrem Ende des Geschäftes beginnt - die Sache, die Sie interessiert, während die andere an seinem Anfang beginnt - die Sache, die ihn vermutlich interessiert".

Wir lenken die Aufmerksamkeit des Lernenden besonders auf den obigen Absatz. Er enthält in knapper Form die gesamte Philosophie des einleitenden Vortrags des Herangehens. Es ist die Essenz der Erfahrung und des Wissens der Tausenden von Verkäufern der großen Verkaufsorganisation des genannten Großkonzerns, und es ist auf den Punkt gebracht, und was noch wichtiger ist, es ist wissenschaftlich korrekt und basiert auf wahren psychologischen Prinzipien.

Der Verkäufer sollte bei der Durchführung der Annäherung nicht so tun, als ob er in Eile wäre, und auch nicht trödeln. Er sollte auf eine geschäftliche Art und Weise vorgehen, indem er zeigt, dass er den Wert der Zeit erkannt hat, und dennoch so tun, als hätte er die für die Abwicklung des jeweiligen Geschäfts notwendige Zeit, so wie er es auch tun würde, wenn der Käufer ihn angerufen hätte, anstatt umgekehrt. Prahlen oder stolzieren Sie nicht und tun Sie nicht so, als wären Sie der Eigentümer. Verhalten Sie sich in der Rolle des echten Geschäftsmannes, der sich wohlfühlt und sich dennoch um das Geschäft kümmert. Versuchen Sie nicht, den Kunden bei der Annäherung zu "drängen" - Sie rufen ihn an und müssen in der Angelegenheit der Gesprächseröffnung ihm gegenüber respektvoll und doch selbstbewusst erscheinen. Je ausgeglichener und harmonischer Sie sich verhalten, desto mehr wird er Sie respektieren, egal wie er sich verhalten mag. Es ist viel leichter für einen Käufer, einen unerzogenen, rüpelhaften Besucher abzulehnen als einen, der die Zeichen eines Gentleman erkennen lässt. Tatsächlich lädt der rüpelhafte Besucher den Rüpel ein - er suggeriert es durch sein Benehmen, während der Gentleman eine respektvolle Behandlung suggeriert. Die Linie des geringsten Widerstandes bei der Suggestion ist die natürlichste, der die Menschen folgen.

Manche Verkäufer versuchen, die Hand des Kunden am Anfang zu ergreifen. Das ist in Ordnung, wenn der Kunde ein fröhlicher " heiterer Kerl, den man gern kennenlernt " ist, aber wenn er zurückhaltend und würdevoll ist, wird er es Ihnen übel nehmen, dass Sie ihm diese Aufmerksamkeit auferlegen. Man muss ihm das Gefühl geben, dass er die Hand schüttelt - das ist ein wichtiger Punkt, der zählt, wenn man ihn gewinnt. Sie können im Allgemeinen an seinem Verhalten und seinem Ausdruck erkennen, ob Sie Ihre Hand ausstrecken sollten. Sie müssen sich auf Ihre Intuition verlassen, um Ihren Kunden "einzuschätzen". Was über den Verstand des Käufers gesagt wurde, wird Ihnen helfen, und welche Daten Sie gesammelt haben, wird auch von Nutzen sein, aber letztendlich müssen Sie sich in hohem Maße auf Ihre eigene Intuition verlassen. Erfahrung entwickelt diese intuitive Fähigkeit. Manche Verkäufer reichen einem Interessenten ihre Karten in die Hand, wenn sie sich vorstellen. Das ist schlechte Psychologie, denn sie dient dazu, die Aufmerksamkeit des Interessenten auf die Karte und weg vom Verkäufer zu lenken. Stellen Sie sich verbal, einfach und deutlich vor, und dann kommen Sie zur Sache.

Wenn Sie sehen, dass ein Kunde mit jemand anderem oder mit etwas Bestimmtem beschäftigt ist - warten Sie auf ihn. Brechen Sie nicht in seinen Bereich ein, bis er aufschaut und Ihnen das psychologische Signal zum Fortfahren gibt. Unterbrechen Sie nie einen anderen Verkäufer, der vielleicht mit dem Interessenten spricht. Dies ist nicht nur ein Punkt der Fairness und der geschäftlichen Höflichkeit, sondern ist darüber hinaus eine sehr gute Geschäftspolitik. Wenn Sie Ihr Einführungsgespräch beginnen, kommen Sie gleich auf den Punkt, und reden Sie nicht um den heißen Brei herum, wie so viele andere auch. Kommen Sie zur Sache, überwinden Sie die Qual der Spannung - wagen Sie den Sprung. Denken Sie immer daran, dass Ihre kleine Erklärung nicht so schal oder stereotyp ist, wie sie für Sie sein mag - also legen Sie Ernsthaftigkeit an den Tag und erzählen Sie sie so, als ob Sie sie zum ersten Mal jemandem erzählen würden, der sie von Ihnen verlangt hat. Behalten Sie Ihr Interesse bei, wenn Sie das des Interessenten wecken wollen.

Begehen Sie nie die Torheit, einen Kunden zu fragen: "Sind Sie beschäftigt?", oder "Ich fürchte, Sie sind beschäftigt, Sir?" Das ist ein sehr schlechter Hinweis für den Kunden und macht es ihm leicht, "Ja!" zu sagen. Sie formen Kugeln, damit er auf Sie schießt. Wenn er wirklich zu beschäftigt ist, um Ihnen die nötige Aufmerksamkeit zu schenken, tun Sie gut daran, ihm das zu sagen und dann rauszugehen - aber schlagen Sie ihm niemals etwas derartiges vor, wenn Sie vorhaben, weiterzumachen. Es ist ähnlich wie das traurige "Sie wollen keine Streichhölzer kaufen, Sir, oder?" der verzweifelten Verkäufer von kleinen Artikeln, die manchmal in die Büros kommen. Machen Sie es einem Interessenten nie leicht, Sie abzuweisen. Wenn er diese Dinge tun will, dann lassen Sie ihn hart dafür arbeiten. Dies mag wie ein unnötiger Ratschlag erscheinen, aber viele junge Verkäufer begehen diesen speziellen Fehler. Vermeiden Sie die entschuldigende Haltung und das Auftreten - Sie müssen sich für nichts entschuldigen. Sie verbrauchen Ihre Zeit ebenso wie die des Interessenten - lassen Sie es dabei bewenden. Entschuldigen Sie sich nie für etwas anderes als einen Fehler oder ein Versehen. Ihr Anruf ist kein Fehler oder Irrtum - es sei denn, Sie machen ihn so, indem Sie davon ausgehen, dass es ein solcher ist. Manche Menschen würden sich gerne dafür entschuldigen, dass sie noch leben, aber sie werden nie zu Verkäufern. Seien Sie vorsichtig, welche negativen Vorschläge Sie dem Interessenten durch diese Entschuldigungs- und "Erklärungs"-Geschäfte in den Kopf setzen könnten. Wozu dieser Unsinn überhaupt - niemals wurde und wird die Ware so verkauft. Es ist lediglich ein Zeichen von Schwäche und Unverschämtheit. Hören Sie besser auf damit.

Das Problem mit diesen entschuldigenden und erklärenden Burschen ist, dass sie nicht gründlich an den Wert ihrer Vorschläge glauben. Wenn sie wirklich glauben würden, wie sie sollten - wenn sie sich selbst "verkauft hätten" - dann würden sie erkennen, dass der Interessent ihre Güter braucht, und, obwohl er es jetzt vielleicht noch nicht weiß, wird ihm ein Gefallen getan, indem er auf sie aufmerksam gemacht wird. Ein Verkäufer braucht sich nicht bei einem Kunden zu entschuldigen, es sei denn, er muss sich bei sich selbst entschuldigen - und wenn er bei letzterem nicht Recht hat, sollte er besser seine Branche wechseln und etwas verkaufen, wofür er sich nicht schämt, oder ganz aus dem Geschäft aussteigen. Kein Mensch schämt sich jemals für etwas, an das er gründlich glaubt und das er zu schätzen weiß.

Der folgende Ratschlag der Leute von der Nationalkasse ist wie alles, was sie sagen, sehr gut: "Versuchen Sie nicht, mit einem Mann zu sprechen, der nicht zuhört, der einen Brief schreibt oder sich auf irgendeine andere Weise beschäftigt, während Sie reden. Das ist nutzlos und bedeutet einen Verlust an Selbstachtung und Respekt. Wenn er Ihnen seine Aufmerksamkeit nicht schenken kann, sagen Sie ihm: "Ich sehe, dass Sie beschäftigt sind. Wenn Sie mir für einige Minuten Ihre Aufmerksamkeit schenken können, werde ich mich freuen; aber ich will Sie nicht unterbrechen, wenn Sie keine Zeit haben, und ich werde wieder anrufen. Versuchen Sie, den Unterschied zwischen Zuversicht und Vertrautheit zu verstehen und gründlich zu fühlen.

Versagen Sie nie in Bezug auf sich selbst oder den Mann, mit dem Sie sprechen. Seien Sie nie mit ihm vertraut. Legen Sie niemals Ihre Hand auf seine Schulter oder seinen Arm, noch fassen Sie seinen Mantel an. Solche Dinge sind für einen Gentleman abstoßend - und Sie sollten annehmen, dass er einer ist. Schlagen Sie nie auf den Schreibtisch oder schütteln Sie den Finger bei einem Kunden. Schreien Sie ihn nicht an, als ob der Klang den Platz der Vernunft einnehmen würde. Gehen Sie nicht auf ihn zu und reden Sie nicht so aufgeregt vor seiner Nase, dass er aus Angst vor dem Überfahren-werden vor Ihnen zurückweicht, als wären Sie eine Draisine. Ich habe gesehen, wie ein Vertreter einen Kunden durch den halben Raum so zurückgeschickt hat. Zwingen Sie einen Mann nicht, Ihnen durch lautes oder schnelles Reden zuzuhören. Geben Sie ihm nicht das Gefühl, dass er nicht zu Wort kommen kann und Ihnen zuhören muss, bis Sie außer Atem sind. Das ist nicht die Art von Zwang, um Kunden zu gewinnen. Aber geben Sie ihm das Gefühl, dass Sie etwas zu sagen haben und es schnell sagen werden. Versetzen Sie sich von Anfang an in seine Lage. Geben Sie ihm das Gefühl, nicht dass Sie ihm Ihr Geschäft aufzwingen wollen, sondern dass Sie darüber sprechen wollen, wie sein Geschäft von Ihnen profitieren kann.

Einer der besten Verkäufer, die diese Firma je hatte, hat dem Verkaufskorps dieses Unternehmens folgendes Axiom überliefert: "Wenn Sie nur eines tun, wenn Sie sich einem Interessenten nähern, sagen Sie siebenmal 'Es wird Ihnen Geld sparen', und Sie haben einen guten Anfang gemacht." Und das sagen wir auch. Konkrete Fakten, kurz gesagt, sind die Essenz des Eröffnungsvortrags und das Leben des Herangehens.

Was wir bisher gesagt haben, bezieht sich auf die Phase des ersten Eindrucks, die der Vorstufe der unfreiwilligen Aufmerksamkeit folgte, die durch Ihre Anwesenheit verursacht wurde. Der Zweck des günstigen ersten Eindrucks ist es, den Weg für den eigentlichen Verkaufsprozess, der folgen soll, zu erleichtern. Das Prinzip des ersten Eindrucks beruht auf der damit verbundenen Erfahrung des Käufers, und seine Wirkung entsteht durch Suggestion. Die voreilige, allgemeine Vorstellung oder der Eindruck der Persönlichkeit des Verkäufers, den wir den ersten Eindruck nennen, ist aufseiten des Interes senten fast unbewusst und beruht zu einem großen Teil auf der Suggestion der Assoziation. Das heißt, der Interessent hat andere Menschen getroffen, die bestimmte Eigenschaften aufweisen, und ist in die Gewohnheit der voreiligen Verallgemeinerung oder der Klassifizierung von Menschen nach bestimmten Merkmalen des Aussehens, der Art und Weise usw. verfallen. Dies ist die Funktionsweise des psychologischen Prinzips der Assoziation von Ideen und kann durch den sogenannten Assoziationsvorschlag beeinflusst werden. Das folgende Zitat aus dem Band dieser Reihe mit dem Titel "Suggestion und Autosuggestion" soll dieses Prinzip verdeutlichen:

"Diese Form der Suggestion ist eine der häufigsten Phasen. Sie findet sich auf allen Seiten und zu jeder Zeit. Das mentale Gesetz der Assoziation macht es uns sehr leicht, bestimmte Dinge mit bestimmten anderen Dingen zu assoziieren, und wir werden feststellen, dass, wenn eines der Dinge aufgerufen wird, es den damit verbundenen Eindruck mit sich bringt. * * * * Wir sind geneigt, einen gut gekleideten Mann, der  in einem teuren Auto reist, mit der Idee von Reichtum und Einfluss zu assoziieren. Und dementsprechend, wenn ein Abenteurer des 'J. J. Rufus Wallingford' Typus in prächtiger Kleidung, mit der Ausstrahlung eines Astorbilts und einem 10.000-Dollar-Auto reist, beeilen wir uns, unser Geld und unsere Wertsachen in seine Obhut zu geben und schätzen uns geehrt, dieses Privileg erhalten zu haben."

Der Vorschlag der Autorität spielt auch eine Rolle beim ersten Eindruck, und zwar in allen Phasen des Verkaufs. Diese Form der Suggestion wird in dem eben erwähnten Buch wie folgt beschrieben: "Lasst eine Person, die sich als Autorität ausgibt oder eine Befehlsposition einnimmt, ruhig einen Trugschluss mit einem Hauch von Weisheit und Überzeugung aussprechen, ohne Wenn und Aber, und viele ansonsten vorsichtige Menschen werden den Vorschlag ohne Frage annehmen; und wenn sie nicht danach gezwungen werden, ihn im Licht der Vernunft zu analysieren, werden sie diesen Samen in ihrem Geist beherbergen lassen, um danach zu blühen und Frucht zu tragen. Die Erklärung dafür ist, dass der Mensch in solchen Fällen die kritische Aufmerksamkeit, die gewöhnlich durch den aufmerksamen Willen dazwischengeschaltet ist, aussetzt und die Idee unangefochten in seine geistige Burg eindringen lässt und in der Zukunft andere Ideen beeinflussen kann. Es ist wie ein Mann, der eine herrschaftliche Haltung einnimmt und am Wächter vor dem Tor der geistigen Burg vorbeimarschiert, wo der gewöhnliche Besucher angehalten und streng geprüft wird; seine Referenzen werden geprüft und die Billigung erteilt, bevor er eintreten darf. * * * * Die Annahme solcher Vorschläge gleicht der Annahme einer Person, die ein Partikel der Nahrung verschlingt, anstatt sie zu kauen. In der Regel kauen wir so manches Stückchen geistiges Futter weg, weil es den Stempel einer echten oder vermeintlichen Autorität trägt. Und viele Menschen, die diese Phase des Vorschlags verstehen, nutzen sie und "nutzen sie in ihrem Geschäft" entsprechend. Der Vertrauensmann, wie auch der gewiefte Politiker und der Verkäufer von sauber gedruckten Goldminen, drängt sich der Öffentlichkeit mit einem Hauch von Autorität auf, oder mit dem, was im Jargon der geschäftigen Straßen als "gute Fassade" bezeichnet wird. Einige Menschen sind nur "Fassade" und haben nichts hinter ihrer autoritativen Ausstrahlung, aber diese autoritative Ausstrahlung verschafft ihnen den Lebensunterhalt."

Die Suggestion der damit verbundenen Art, des Aussehens und der Ausstrahlung - die "gute Fassade" - ist das Hauptelement des günstigen ersten Eindrucks. Die Balance ist eine Mischung aus Taktgefühl, Diplomatie, gesundem Menschenverstand und Intuition. Aber denken Sie immer daran: Die beste "Fassade" ist die wirkliche - diejenige, die die richtige geistige Einstellung und den richtigen Charakter widerspiegelt - die "Fassade" des Gentleman. Wenn Ihnen diese fehlt, je näher Sie sie darstellen können, desto besser für Sie selbst. Aber keine Imitation ist so gut wie das Echte. Der wahre Gentleman ist die wissenschaftliche Mischung aus Stärke und Höflichkeit - die Manifestation der "eisernen Hand im Samthandschuh". So viel zum ersten Eindruck.

Auch die mentalen Stufen der Neugier und des damit verbundenen Interesses des Käufers sind durch den Verkäufer in der Annäherung zu induzieren. Wir haben diese Phasen im Kapitel "Die Psychologie des Kaufs" beschrieben, das an dieser Stelle noch einmal gelesen werden soll. Ein paar zusätzliche Worte zu diesen Punkten werden hier jedoch nicht fehl am Platz sein.

Was die Phase der Neugierde betrifft, so würden wir sagen, dass es gut wäre, wenn Sie das Eröffnungsgespräch mit dem Interessenten so gestalten könnten, dass er "ein wenig raten kann", während er noch sein assoziiertes Interesse hat. Die Neugier weckt das Interesse eines Mannes, so wie die Worcestershire-Sauce seinen Appetit anregt. Der Schlüssel zum Wecken der Neugier ist die Idee von "etwas Neuem"; eine neue Idee; ein neues Muster, ein neues Gerät, etc. Der Verstand des Durchschnittsmenschen mag "etwas Neues" - selbst der alte Kauz mag etwas Neues in seinen alten Favoriten, neue Flaschen für seinen guten alten Wein. Die Idee von Neuheit und Neuartigkeit neigt dazu, die Neugier und die Phantasie eines Mannes zu wecken. Und wenn man diese Fähigkeiten in Gang setzen kann, hat man es gut gemacht, denn das assoziierte Interesse ist eng damit verbunden. Wenn Sie einen Interessenten so weit bringen, dass er Fragen stellt, sei es verbal oder mental, haben Sie das Spiel gut begonnen.

Machen Sie nie den Fehler, den Mann zu fragen, ob er "So-und-so kaufen will". Natürlich tut er das in diesem Stadium nicht, vor allem, wenn Sie ihn auf diese Weise fragen. Es ist zu einfach für ihn, Nein zu sagen! Es ist fast so schlimm wie diese Darstellung der negativen Suggestion: "Sie wollen doch keinen So-und-so kaufen, oder Mister?", was ein fertiges "Nein!" von der Durchschnittsperson bringt. Sie wollen auch nicht sagen: "Ich habe angerufen, um zu sehen, ob ich Ihnen nicht So-und-so verkaufen kann, Mr. X.", Oder: "Kann ich Ihnen heute Morgen ein So-und-so verkaufen, Mr. Z?" Diese Form der Interessenserweckung basiert auf falschen psychologischen Prinzipien. Natürlich will der Interessent in dieser Phase des Spiels weder kaufen noch in den Handel einsteigen - der Verkauf ist die Endphase. Dieser Plan ist wie ein Holzscheit mit dem Ende der Axt - Sie präsentieren das falsche Ende des Angebots. Auf diese Weise können Sie niemals Neugierde oder Interesse wecken. Vergessen Sie die Worte "Sie kaufen" und "Ich verkaufe" für den Moment - je weniger Sie sie in irgendeiner Phase verwenden, desto besser wird es sein, denn sie sind zu unangenehm für das Öffnen von Brieftaschen, als dass sie für die Kunden akzeptabel wären. Es gibt ausgezeichnete Substitute für diese Begriffe - Begriffe, die dem Käufer Gewinn, Vorteil, Ersparnis und Vergnügen suggerieren, statt der Vorstellung von Ausgaben und "Aufhören". Versuchen Sie, dem Käufer den eingehenden Geldstrom vorzuschlagen - nicht den ausgehenden. Der Grund ist offensichtlich, wenn Sie die Gesetze der Suggestion und der Psychologie verstehen.

Kurz gesagt richten Sie Ihren Appell in dieser Phase ganz auf das Eigeninteresse, die Freude und die Neugier des Interessenten. Versuchen Sie, ihn aufzuwärmen und seine Fantasie zu beschäftigen. Wenn Sie das tun können, wird er seine anderen Punkte der Beachtung vergessen und seine Rüstung der Suggestivverteidigung und seinen Schild des instinktiven Widerstandes gegen jemanden, von dem er denkt, dass er "etwas verkaufen will", ablegen und sein Portemonnaie öffnen. Dies ist die Phase, in der Sie Ihren psychologischen Keil einschlagen müssen. Hier brauchen Sie die scharfe Kante Ihrer Axt - das Ende kann für die Entscheidung und das Abschliessen reserviert werden.

Stellen Sie möglichst keine Fragen, auf die der Interessent in dieser Phase mit "Nein" antworten kann. Wehren Sie ihn an dieser Stelle ab und weichen Sie jedem Anzeichen eines bevorstehenden Negativs aus. Aber wenn er ein "Nein!" oder zwei herausbekommt, hören Sie ihn nicht. Lassen Sie sein "Nein!" wie Wasser von einer Ente abperlen, bevor Sie es in Ihr Bewusstsein aufnehmen - leugnen Sie es, um die Beweise Ihrer Ohren geistig zu entschärfen. Das ist nicht die Zeit für "Nein" - machen Sie weiter, ohne sich der Worte bewusst zu sein. Appellieren Sie weiterhin an sein Interesse, in der Phase der Neugierde und des assoziierten Interesses. Ihr Ziel hier ist es, den Interessenten in die Phase des Nachdenkens zu bringen. Diese Phase wird dadurch angezeigt, dass er eine Frage stellt, die den Wunsch zeigt, die Einzelheiten Ihres Vorschlags zu kennen. Die Frage mag zwar nur eine Nuance des Interesses zeigen, aber sie markiert einen Zug im Spiel. Es ist der antwortende Zug des Interessenten zu Ihrer Eröffnung. Es ist ein wichtiger psychologischer Moment in der Partie. Der nächste Zug ist Ihrer!

Und dieser Zug befindet sich auf der Ebene der Demonstration - die Phase der Annäherung ist nun vorbei.


Bevor wir zur Betrachtung der Phase der Demonstration übergehen, möchten wir Sie auf die folgenden hervorragenden Ratschläge bezüglich der Abwehr von Abwehrreaktionen aufmerksam machen, die in der Phase der Annäherung so oft auftreten. Er stammt aus der Feder von W.C. Holman und erschien in seiner Zeitschrift "Salesmanship". Mr. Holman sagt: "Ein Crack-a-Jack-Verkäufer wird eine Abfuhr so anmutig und leicht und mit so wenig Schaden für sich selbst erhalten, wie ein professioneller Baseballspieler einen glühenden Ball aufnimmt, den ein Schläger auf ihn schlägt, und das Spiel weiterspielt, als wäre nichts passiert. Ein Amateurverkäufer wird aufhören wollen zu spielen oder den Schiedsrichter auf die böswillige

Absicht des Schlägers aufmerksam machen. Ein Schlag, der den gewöhnlichen Mann von den Beinen reißen würde, wird nichts weiter tun, im Gegenteil, er würde einem Profiboxer die Chance geben, seine Agilität zu zeigen und Applaus zu ernten. Wenn man ein Brett mit einem gewaltigen Spritzer auf einen Korken im Wasser fallen lässt, wird der Korken so ruhig auftauchen, als ob nichts passiert wäre, und wieder ruhig auf der unerschütterlichen Oberfläche des Wassers liegen. Und so wird ein kluger Verkäufer, wenn ein mürrischer Kunde einen Schlag auf ihn richtet, nur anmutig ausweichen und ruhig mit der Verfolgung seines Vorhabens fortfahren. * * * Selbstkontrolle entwaffnet alle unbeherrschten Angriffe."

# KAPITEL IX DIE DEMONSTRATION

Im letzten Kapitel verließen wir den Verkäufer in dem Stadium der Annäherung, in dem der Interessent genug Interesse zeigt, um eine Frage zu stellen oder einen Einwand in Form einer Frage zu erheben. Dies ist ein wichtiger psychologischer Punkt oder eine wichtige Phase im Verlauf des Spiels, und hier verschmilzt die Annäherung mit der Demonstration seitens des Verkäufers; und die Phase der passiven Aufmerksamkeit seitens des Interessenten verschmilzt mit der aktiven Aufmerksamkeit, Diskussion und Überlegung. In dem Moment, in dem der Interessent aufhört, ein passiver Zuhörer zu sein, und genügend aktives Interesse zeigt, um eine Frage zu stellen oder einen Einwand in Form einer Frage zu erheben, ist das große Spiel des Verkaufs in vollem Gange. Die Demonstration hat begonnen.

Diese Phase des Verkaufs ähnelt sehr einem Schach- oder Damespiel. Die Annäherung und das Vorgespräch des Verkäufers ist der erste Zug im Spiel; die Antwort, die Frage oder der Einwand des Interessenten ist der zweite Zug - dann beginnt die eigentliche Partie oder das Gespräch. Es liegt nun "an" dem Verkäufer, seinen zweiten Zug zu machen, der ein Antwortzug auf den des Interessenten ist. Und dieser spezielle Zug ist ein sehr wichtiger Zug in der großen Partie des Verkaufs. Wie bei einem wichtigen frühen Zug im Damespiel oder Schach kann der Erfolg oder Misserfolg der ganzen Partie davon abhängen, deshalb ist es gut, diesen Zug als Teil Ihrer Vorbereitung geplant zu haben.

Macbain sagt wahrheitsgemäß über die erste Bemerkung des Interessenten: "Der Kunde wird sich nicht auf die erste Bemerkung festlegen. Er hält sich immer erhebliche Reserven vor. Mit einem Einspruch - ob ausdrücklich oder stillschweigend - kann immer gerechnet werden. Er kann von einer allgemeinen "beschäftigten" Aussage, oder "kein Interesse an dem, was vorgelegt wird", oder von einer spezifischen Aussage - vielleicht sogar hitzig - abweichen, dass der Angesprochene "keine Zeit für den Verkäufer oder sein Haus" hat.

Aber, so wie beim Schach oder bei den Dame bestimmte "Antworten" für jeden der ersten paar Eröffnungszüge angegeben werden, die alle vollständig in Lehrbüchern über diese Partien angegeben und erklärt werden, so gibt es in der großen Partie der Verkaufskunst bestimmte Antworten, die für diese Vorzüge seitens des Interessenten angegeben werden. Die großen Vertriebsunternehmen verfügen über Unterrichts-, Privat- oder Korrespondenzschulen, in denen der Verkäufer die entsprechenden und logischen Antworten auf die Einwände und Fragen erhält, die der Interessent normalerweise vorbringt. Es wird sich herausstellen, dass es wirklich nur wenige Züge dieser Art im Spiel der durchschnittlichen Interessenten gibt - sie neigen dazu, unter den gleichen Umständen die gleichen Dinge zu sagen, und es gibt immer eine angemessene Antwort. Der Verkäufer wird sich viele dieser Antworten durch Erfahrung, Gespräche mit älteren Verkäufern oder durch Anweisungen seines Verkaufsleiters oder des Hauses aneignen. Jede Branche hat ihren eigenen Bestand an Einwänden und ihren eigenen Bestand an Antworten darauf.

Es gibt zwei allgemeine Klassen von Antworten auf Einwände, die für fast alle Arten von Angeboten gelten. Die erste ist die, den Einwand geschickt auf dem geistigen Fechtfeld zu fangen, ihn abblitzen zu lassen und gleichzeitig einen Schubs auf den Gegner zu erzeugen. Präsident Patterson von der "National Cash Register Company" wird in dieser Art von Antwort besondere Cleverness zugeschrieben, und seine Verkäufer sollen angewiesen werden, sich den Einwand des Interessenten genau anzuhören und ihn dann durch eine auf dem Prinzip der "Cleverness" basierende Bemerkung wieder auf ihn zu richten: " Das ist der Grund, warum Sie das tun sollten", usw. Mit anderen Worten, der Einwand sollte in ein Argument für den Satz verdreht werden. In den Händen eines Meisters ist diese Form der Erwiderung sehr effektiv und bringt aufgrund ihrer Kühnheit und Unvorhersehbarkeit oft Ergebnisse. Aber nicht jeder hat die Fähigkeit, sie zum Vorteil zu nutzen.

Die zweite Klasse der Antwort basiert auf dem sogenannten indirekten Widerstand, der übrigens oft die stärkste Form des Widerstandes ist und seine beabsichtigte Wirkung erreicht, während er die Opposition und den Antagonismus des direkten Widerstandes vermeidet. Einige Schriftsteller haben dies als "Nicht-Widerstand" bezeichnet, was offensichtlich eine falsche Bezeichnung ist, denn es handelt sich um eine Form des Widerstands, wenn auch auf subtile Weise verschleiert. Es ist analog zu dem Baum, der sich biegt, um nicht unter den Sturmstößen zu brechen; zu dem flexiblen Stahl, der sich unter dem Druck biegt, anstatt wie Eisen zu brechen; aber beide springen sofort wieder an ihren Platz zurück. Es ist im Allgemeinen eine sehr schlechte Strategie, der Sichtweise in kleinen Punkten direkt entgegenzutreten - der Hauptpunkt ist das, was man will. Und der Hauptpunkt ist die Bestellung - der Rest ist unwesentlich und unwichtig. Stellen wir den direkten Widerstand und den indirekten Widerstand gegenüber und sehen wir uns die Punkte von jedem an.

Im Direkten Widerstand werden die kleinen Einwände des Interessenten mit der Antwort beantwortet: "Da irren Sie sich, Herr X;" oder "Sie irren sich völlig;" oder "Sie vertreten die falsche Ansicht;" oder, wie wir in einem Fall gehört haben: "Ihr Einspruch ist lächerlich." Der direkte Widerstand ist in einigen wenigen Fällen oder in seltenen Fällen notwendig, aber er sollte sparsam und vorsichtig eingesetzt werden. Es ist ein Verzweiflungsheilmittel, das nur bei verzweifelten Krankheiten angezeigt ist. Die indirekte Resistenz drückt sich in Antworten von aus: "Das ist möglicherweise in einigen Fällen richtig, aber" usw.; oder "Es ist viel Wahrheit in dem, was Sie sagen, Herr X., aber" usw.; oder "Als allgemeine Aussage, die wahrscheinlich richtig ist, aber" usw.; oder "Ich stimme Ihnen völlig zu, Herr X., dass (usw.) aber in diesem speziellen Fall sollte meiner Meinung nach eine Ausnahme gemacht werden" usw. Der Wert dieser Form des Widerstandes liegt darin, dass es Sie nichts kostet, dem Interessenten zu erlauben, seine eigenen Ideen zu behalten und seine eigenen Vorurteile zu unterhalten, vorausgesetzt, dass sie weder die Logik Ihres allgemeinen Arguments stören, noch Ihren Hauptpunkt, die Bestellung, beeinträchtigen.

Sie sind kein Missionar oder Pädagoge - Sie sind nur ein Verkäufer und Ihr Geschäft ist es, Aufträge anzunehmen. Lassen Sie den alten Burschen seine dummen Ideen und intoleranten Vorurteile behalten, vorausgesetzt, Sie können ihn direkt zur Bestellstelle lenken. Das aktive Prinzip im Indirekten Widerstand besteht darin, seine allgemeinen Einwände auf dem einfachsten und kürzesten Weg loszuwerden, indem Sie ihm erlauben, sie zu behalten, und Ihre und seine Aufmerksamkeit und sein Interesse auf die besonderen Punkte Ihres Angebots zu konzentrieren - die positiven und materiellen Punkte Ihres speziellen Falles. Vermeiden Sie Streitigkeiten über Unwesentliches, Allgemeines und Unwesentliches. Sie streben nicht nach dem ersten Preis in der Debatte - Sie sind auf Bestellungen aus. Erinnern Sie sich an die rechtlichen Prinzipien der "sachbezogenen, relevanten und materiellen" Punkte, und schieben Sie die "immateriellen, irrelevanten und unsachlichen" Nebenpunkte beiseite, auch wenn Sie sie im Indirekten Widerstand stillschweigend zugeben müssen. Hier ist es kurz und bündig: Das Unwesentliche aus dem Weg räumen und aus dem Weg gehen.

Der Verkäufer ist nun an dem Punkt angelangt, an dem sich die Aussicht auf das psychologische Stadium der Überlegung manifestiert - das Stadium, in dem er bereit ist, in die Sache "hineinzuschauen", oder besser gesagt, in das Subjekt oder Objekt der Aussage. Diese Phase darf nicht mit der Phase der Deliberation verwechselt werden, in der der Interessent die Vor- und Nachteile des Kaufs abwägt. Die beiden Stufen sind recht unterschiedlich. Die gegenwärtige Phase - die der Überlegung - ist lediglich die Phase der Prüfung, Untersuchung oder Erkundung der Sachlage, um zu sehen, ob es wirklich etwas von echtem praktischen Interesse für ihn selbst gibt. Es ist mehr als nur assoziiertes Interesse, denn es ist in die Manifestation der interessierten Untersuchung übergegangen. In vielen Fällen kommt der Prozess nie über dieses Stadium hinaus, besonders wenn der Verkäufer die Psychologie des Prozesses nicht versteht. Viele Verkäufer machen den Fehler, dass sie versuchen, ihr Abschlussgespräch an dieser Stelle zu führen - aber das ist ein Fehler. Der Interessent muss etwas über die Details des Angebots oder die Eigenschaften und Merkmale der Ware verstehen, bevor er seine Phantasie einsetzt oder die Neigung verspürt, die Sache zu besitzen. Hier kommt also die Arbeit der Erklärung ins Spiel.

Der Begriff "Demonstration" hat zwei allgemeine Bedeutungen, von denen jede durch Phasen in der Demonstrationsarbeit des Verkäufers veranschaulicht wird. Die erste Bedeutung, und Stufe, ist: "Ein Zeigen oder Herausstellen; ein Hinweis, eine Manifestation oder Ausstellung." Die zweite Bedeutung, und Stufe, ist: "Eine Vorführung oder eine Veranschaulichung. "Der Akt des eindeutigen Beweises, durch unbestreitbare Beweise und unbestreitbare Beweisführung, jenseits der Möglichkeit des Zweifels oder Widerspruchs." Die erste Stufe ist die des "Zeigens und Herausstellens" - die zweite die des "Beweises". Die erste Stufe ist die des Zeigens der Merkmale einer Sache - die zweite, die des logischen Arguments und Beweises. Denken Sie also daran, dass Sie sich auf der Stufe des "Zeigens und Zeigens" befinden und nicht auf der des "Arguments und Beweises".

Was das "Zeigen und Aufzeigen" der Eigenschaften und Merkmale Ihrer Waren oder Ihres Satzes betrifft, sollten Sie immer daran denken, dass der Interessent die Einzelheiten Ihres Angebotes oder Verkaufsgegenstandes nicht so kennt, wie Sie es tun - oder wie Sie es wissen sollten.

Das Thema ist für ihn nicht "abgestanden", wie es für Sie vielleicht geworden ist, wenn Sie Ihre Begeisterung nicht aufrechterhalten haben. Machen Sie daher, ohne unnötige Zeitverschwendung zu vermeiden, nicht den Fehler, diesen Punkt der Demonstration zu überstürzen und damit die wichtigen Merkmale zu vernachlässigen. Besser ein gut erklärtes und betontes Feature, als eine schlampig überstürzte Partitur. Es ist besser, sich auf einige wenige führende und markante Demonstrationspunkte zu konzentrieren, die für den Interessenten von materiellem Interesse sind, und davon auszugehen, dass er nichts darüber weiß, außer dass er sein Wissen durch Fragen oder Einwände zeigen kann - all dies natürlich auf höfliche Weise, wobei die "alles wissen" Haltung vermieden werden sollte. Der Interessent muss Zeit haben, um die Punkte in seinem Geist zu versenken - einige Leute sind in dieser Hinsicht langsamer als andere. Achten Sie auf das Gesicht des Interessenten, um an seinem Gesichtsausdruck zu erkennen, ob er wirklich versteht, was Sie sagen oder nicht. Besser einen Punkt auf ein Dutzend Arten präsentieren, um Verständnis zu erlangen, als ein Dutzend Punkte auf eine Art zu präsentieren und nicht verstanden zu werden.

Um Ihre Ware oder Ihren Vorschlag in diesem Stadium zu demonstrieren, müssen Sie sich mit ihm vertraut gemacht haben und auch die erzählenden Punkte in einer natürlichen und logischen Reihenfolge der Präsentation angeordnet haben, wobei Sie vom Einfachen bis zum Komplexen arbeiten. Achten Sie darauf, an dieser Stelle nicht zum Kauf vorzuschlagen, damit Ihre Interessenten nicht erschrecken und das Interesse an der Demonstration verlieren. Er ist natürlich in einer defensiven Stimmung, denn er riecht den Appell an sein Portemonnaie in der Ferne - Sie müssen versuchen, ihn von diesem Punkt abzulenken, indem Sie seine interessierte Aufmerksamkeit für die Details Ihrer Ware oder Ihres Angebotes wecken. Erklären Sie die Details so, wie Sie es tun würden, wenn der Interessent Sie zum Zwecke der Recherche angerufen hätte. In der Tat, wenn Sie sich zu der richtigen mentalen Einstellung hinaufarbeiten können, können Sie die psychologische Veränderung bewirken, durch die die

Positionen umgekehrt werden können, und so wird es instinktiv dem Interessenten nahegelegt, dass er Sie und nicht Sie ihn anrufen. Es gibt hier einen wichtigen psychologischen Punkt, den Sie sich gut merken sollten. Der Mann, der angerufen wird, hat immer "den entscheidenden Schritt" in Bezug auf den Anrufer - wenn Sie diesen psychologischen Zustand umkehren können, haben Sie einen großen Vorteil gewonnen. Ein gewecktes persönliches Interesse des Interessenten an den Details eines Angebotes neigt dazu, die Verhältnisse umzukehren.

Wenn Sie verstehen möchten, wie eine professionelle Demonstration eines Artikels oder einer Offerte aussieht, würde es sich lohnen, der Demonstration eines gut ausgebildeten Verkäufers der National Cash Register Company zuzuhören. Diese Firma übt ihre Verkäufer gründlich in diesem Teil ihrer Arbeit, bis sie jedes Detail in seiner richtigen logischen Reihenfolge in ihren Köpfen verankert haben. Ein erfahrener Verkäufer dieser Firma sollte in der Lage sein, seine Lösung sowohl rückwärts als auch in der normalen Reihenfolge zu wiederholen - beginnend in der Mitte und nach Belieben rückwärts oder vorwärts arbeitend. Er versteht das "Warum" und "Wozu" jedes Detail seines Artikels und seiner Aussage und wird gelehrt, sie in ihrer logischen Reihenfolge darzustellen. Einem Vortrag eines ihrer besten Verkäufer zuzuhören, ist eine kostenlose Ausbildung in der praktischen Demonstration.

Das Wesen dieser Phase der Demonstration besteht darin, dass sie im Geiste eines Gesprächs, einer interessanten Geschichte oder der Beschreibung eines Ereignisses gegeben werden sollte. Sprechen Sie auf eine sachliche Art und Weise, d. h., vermeiden Sie es, dem Interessenten zu suggerieren, dass Sie versuchen, ihm das Ding zu verkaufen. Lassen Sie diesen Teil Ihres Vortrags schon allein aufgrund des Enthusiasmus, der in Ihrem Geist von den Vorzügen Ihres Vorschlags inspiriert wird, stattfinden. Lassen Sie es eine Arbeit der gegenseitigen Wertschätzung sein - vergessen Sie alles über Ihre Hoffnung auf Verkauf oder Gewinn. Ihr einziges Ziel und Ziel des Lebens sollte in diesem Moment das sein, die Aussichten mit den wunderbaren Vorzügen Ihres Angebotes zu inspirieren, das Sie selbst verwirklichen würden. Sie sollten der Geist des Propagandisten sein, der nach Konvertiten sucht - um Informationen zum Wohle anderer und "für die Sache" zu verbreiten. Vergessen Sie den noch fehlenden Sammelteller im Interesse der Seriosität Ihrer Predigt.

Die Nationale Registrierkassengesellschaft weist ihre Verkäufer bezüglich dieser Phase der Demonstration wie folgt an: "Wenn Sie einen Interessenten für eine Demonstration bekommen haben, haben Sie einen wichtigen Schritt getan. Sie können davon ausgehen, dass er sich in gewissem Maße für das Thema interessiert. Nutzen Sie jetzt unbedingt diese Gelegenheit. Sagen Sie ihm gründlich und sorgfältig, was Sie ihm zu sagen haben. Klappern Sie Ihre Demonstration nicht in Eile ab, als ob Sie aufgezogen wären und genau so viele Worte sagen müssten. Geben Sie ihm die Gelegenheit zu sprechen, Fragen zu stellen oder Einwände zu erheben. Wahrscheinlich hat er bestimmte Ideen im Kopf, die eine entschiedene Hilfe oder ein entscheidendes Hindernis für Ihre Argumentation sein können. Sie sollten lernen, welche das sind. Bilden Sie sich nicht ein, nur weil er schweigend zuhört, dass er mit Ihnen übereinstimmt oder sogar alles versteht, was Sie sagen. Sprechen Sie bewusst. Wenn Sie durch einen verwirrten oder zweifelhaften Blick in seinem Gesicht sehen, dass ihm etwas nicht ganz klar ist, halten Sie inne und stellen Sie es klar. Nehmen Sie sich genug Zeit, um jeden Punkt gründlich zu erklären. Wann immer Sie eine Aussage machen, die in Zweifel gezogen werden kann, vergewissern Sie sich, dass er zustimmt, bevor Sie fortfahren. Wenn er nicht genau so zustimmen will, wie Sie es machen, modifizieren Sie die Aussage, bis er es tut. Bringen Sie ihn dazu, in gewissem Maße zu jedem Ihrer Vorschläge zuzustimmen, so dass er, wenn Sie zu dem allgemeinen Ergebnis kommen, nicht zurückgehen und Ihnen widersprechen kann. Tun Sie das aber nicht, als ob Sie ihn in die Enge treiben wollten, sondern mit dem einfachen Wunsch, eine vernünftige Argumentationsbasis zu erreichen. Verzichten Sie auf alle Versuche, ein kluger Redner zu sein, auf die Idee, dass es irgendeinen Trick von Worten oder Manieren, irgendeine geheime Kunstfertigkeit beim Verkauf von Registern gibt, und versetzen Sie sich in den schlichten, ungekünstelten Geist eines Mannes, der einfach eine Wahrheit zu erzählen hat und darauf aus ist, sie auf die einfachste, heimeligste Weise zu erzählen. Vermeiden Sie vor allem den tödlichen Fehler, Ihren Interessenten mit einem Gefühl von Angst, Eile und Unsicherheit zu konfrontieren. Erkennen Sie die Macht der Tatsachen hinter sich und vertrauen Sie Ihren Überzeugungen; machen Sie jeden Punkt kühl und bewusst klar und schlüssig und führen Sie die Interessenten mit einfachen Schritten bis zur absoluten Überzeugung.

Wenn Sie in dieser Phase der Demonstration die interessierte Aufmerksamkeit Ihres Interessenten auf sich gezogen haben, werden Sie feststellen, dass seine Vorstellungskraft beginnt, in die Richtung zu arbeiten, dass er sich mentale Bilder davon macht, wie die Sache oder der Vorschlag für ihn funktionieren würde, wie der Artikel in seinem Besitz aussehen würde. Es ist ein psychologisches Gesetz, dass eine interessante Studie oder Betrachtung dazu neigt, das Interesse der Vorstellungskraft und des Begehrens zu wecken, wenn sich der Gegenstand der Investition mit der allgemeinen Tendenz der Gedanken und Gefühle der Person vermischt. Der eigentliche Prozess der Aufklärung bringt unweigerlich neue Interessenpunkte ans Licht. Und dann erzeugt der Akt des Forschens und Entdeckens instinktiv ein Gefühl der Zugehörigkeit zu dem untersuchten oder entdeckten Gegenstand. Es stellt eine Assoziation zwischen dem Objekt und seinem Prüfer her.

Halleck sagt: "* * * * Wir dürfen nicht vergessen, dass jeder, der nicht oberflächlich und wankelmütig ist, in den meisten Objekten bald etwas Interessantes entdecken kann. * * * * Die Aufmerksamkeit, die sie zu schenken vermögen, endet in der Regel damit, eine Perle in der uninteressantesten Auster zu finden. * * * * Die Essenz des Genies ist es, ein altes Ding auf neue Art zu präsentieren." Und wieder: "Wenn wir über eine Sache nachdenken, oder den Verstand eines Menschen voll beschäftigen, ist die Aktivität in bestimmten Gehirntrakten wahrscheinlich stark erhöht. Als Folge dieser unbewussten Vorbereitung kann plötzlich ein vollwertiges Bild im Bewusstsein entstehen." Hoffding sagt: "Die Verwebung der Bildelemente in der Vorstellung findet zu einem großen Teil unterhalb der Bewusstseinsschwelle statt, sodass das Bild plötzlich in seinen Grundzügen vollständig im Bewusstsein auftaucht, das bewusste Ergebnis eines unbewussten Prozesses. Halleck sagt auch: "Ein repräsentatives Bild der gewünschten Sache ist der notwendige Vorläufer des Begehrens. Erst wenn eine repräsentative Idee in den Verstand kommt, entsteht das Begehren. Es ist oft gesagt worden, dass es kein Begehren geben kann, wo es kein Wissen gibt. Ein Kind sieht ein neues Spielzeug und will es haben. Ein Mann bemerkt einige Verbesserungen im Haus seines Nachbarn und wünscht sich diese. Eine Nation findet heraus, dass eine andere ein Kriegsschiff eines überlegenen Modells hat, und wünscht sich sofort etwas so gut oder besseres. Ein Gelehrter sieht eine neue Enzyklopädie oder ein neues Nachschlagewerk, und es entsteht der Wunsch danach. Ein Mensch kehrt zurück und erzählt seinen Freunden, wie reizvoll eine Auslandsreise ist. Ihre Reiselust steigt. Das Wissen gebiert das Begehren, und das Begehren zeigt den Punkt des Willens auf." In diesem Abschnitt haben wir bedeutende Autoritäten zitiert, die die direkte Linie des psychologischen Fortschritts von der interessierten Untersuchung durch die Vorstellungskraft zum Wunsch und Willen aufzeigen. Man erforscht und erlangt günstiges Wissen über ein Thema; dann operiert seine Vorstellungskraft, um ihm die Möglichkeit seiner erfolgreichen Anwendung auf seinen persönlichen Fall zu zeigen; dann wird sein Verlangen nach der Sache geweckt.

Das Stadium der Imagination ist erreicht, wenn der Interessent beginnt, an die Sache oder den Vorschlag in Verbindung mit sich selbst zu denken. Dann beginnt er, es sich in seiner Anwendung auf seine Bedürfnisse oder Anforderungen oder in Bezug auf seine allgemeinen Wünsche, Geschmäcker und Gefühle vorzustellen. Um die Vorstellung des Interessenten zu wecken, sollte sich der Verkäufer bemühen, "Wortbilder" von der Sache in ihrer Funktionsweise, Anwendung, ihrem Wert und ihrem Nutzen zu malen. Er sollte sich bemühen, dass die Vorstellung der Sache für jeden Menschen geistig erkennbar wird, wie sie für das Gute arbeiten wird, wie sie einem zugute kommt, wie groß der Vorteil für einen selbst ist, wie viel Gutes sie in jeder Hinsicht für ihren Besitzer sein wird. Vermeiden Sie die persönliche Anwendbarkeit, auch in diesem späten Stadium - machen Sie die Anwendbarkeit allgemein, um nicht das Portemonnaie des Interessenten zu verschrecken. Die ganze Idee und das Ziel dieser Phase des Verkaufsprozesses ist es, die Neigung des Interessenten zu wecken - ihm das Wasser im Mund zusammenlaufen zu lassen -, damit er das Gefühl hat, dass er es selbst haben möchte. Er muss in den Geisteszustand der Frau versetzt werden, die sehnsüchtig auf den Hut im Hutmacherfenster schaut; oder des Jungen, der durch das Astloch im Zaun des Baseballplatzes schaut. Er muss in das Gefühl geführt werden, dass er sich außerhalb des Zauns oder des Fensters befindet - und das Gute ist im Inneren. Dann wird er die Neigung oder den Wunsch verspüren, "nach innen zu gehen".

Wir haben einmal eine Geschichte von zwei Südstaatenschwarzen gehört, die diesen Punkt veranschaulicht. Die beiden ritten auf demselben Maultier, als sie von der Arbeit nach Hause kamen. Der oberste Schwarze begann die Geschichte eines gebratenen Opossums zu erzählen, das er in der Nacht davor gegessen hatte. Er stellte sich das Opossum als fett und zart vor; wie sie es erst "zubereitet" und dann im Ofen gebraten hatten; wie saftig und braun es aussah; wie gut es roch; wie es "mit Waschbär-Soße übergossen" serviert wurde; und schließlich, wie gut es ihm schmeckte, als der Erzähler schließlich seine Zähne reinbohrte. Der Schwarze im Hintergrund zeigte im Laufe der Erzählung immer mehr Anzeichen von Unbehagen und stellte sich erst den Anblick, dann den Geruch und schließlich den Geschmack des Opossums vor. Schließlich stöhnte er und schrie auf: "Hau ab, du dummer Nigger! "Willst du, dass ich mich vor dir blamiere?" Das ist der Punkt - du musst deinen Interessenten das gute Opossum sehen, riechen und schmecken lassen, bis er bereit ist, "hör auf" zu sagen.

Worte, die Taten, Geschmack, Gefühle oder alles, was mit Sinneswahrnehmungen zu tun hat, beschreiben, regen die Fantasie an. Wenn der Verkäufer die Kunst kultiviert, das Ding in seiner eigenen Fantasie zu sehen, zu schmecken oder zu fühlen, während er spricht, wird er dazu neigen, seine mentalen Bilder im Kopf seiner Interessenten neu zu erzeugen. Die Imagination ist ansteckend - entlang der Linien der Suggestion. Beschreibungen von Empfindungen oder Gefühlen neigen dazu, in den Köpfen anderer eine sympathische Reaktion und Darstellung zu wecken, ganz im Sinne der Suggestion. Haben Sie nie Ihre Fantasie und Ihr Verlangen durch die Beschreibung eines Dings beflügelt - wollten Sie es nicht selbst sehen, fühlen oder schmecken? Haben Sie nie die Wirkung von Worten wie: "köstlich; duftend; üppig; süß; mild; belebend; belebend" usw. in einer Werbung? Wie viele junge Menschen wurden durch eine Illustration oder ein Wortbild von einem "glücklichen Zuhause", "einer kleinen Frau, die dich an der Tür erwartet", "kleinen Kindern, die sich um dich herum scharen" und all dem anderen in die Ehe gedrängt? Ein bekannter Ratenmöbelhändler aus Chicago soll psychologisch für Tausende von Hochzeiten verantwortlich sein, durch seine suggestiven Bilder des "glücklichen Heims" und seine freundliche Aussage: "Wir werden Ihr Nest befedern;" und "Sie finden die Braut, und wir werden den Rest erledigen". Dem Verkäufer, der "helle Bilder im Kopf" seiner Interessenten malen kann, wird es gelingen, die Fantasie zu wecken und die Neigung und das Begehren zu wecken. Newman hat gut gesprochen: " Leere Sprüche haben keine Überzeugungskraft. Das Herz wird gewöhnlich nicht durch den Verstand, sondern durch die Vorstellungskraft erreicht. * * * * Personen beeinflussen uns, Stimmen schmelzen uns, Blicke unterwerfen uns, Taten entflammen uns. * * * *

Und so kommen wir zum Punkt der Neigung oder Begierde, auf dem Weg der Imagination.

Der mentale Zustand der Neigung oder des Begehrens, der auf das Erregen der entsprechenden Eigenschaften durch die Imagination folgt, die im Stadium der Betrachtung entsteht, kann kurz als das Gefühl von etwas bezeichnet werden: "Das scheint eine gute Sache zu sein, die ich gerne haben möchte." Diese Neigung wurde durch Demonstration und Suggestion geweckt, und die Aussicht beginnt das Gefühl zu erfahren, dass der Besitz des Dings zu seinem Vergnügen, Komfort, Wohlbefinden, Zufriedenheit oder Gewinn beiträgt. Sie werden sich an die Aussage über das Begehren aus dem vorigen Kapitel erinnern: "Das Begehren hat für seinen Gegenstand etwas, das dem Individuum oder jemandem, an dem es interessiert ist, Freude bereitet oder Schmerzen beseitigt, sei es unmittelbar oder entfernt. Abneigung, oder das Streben, von etwas wegzukommen, ist lediglich der negative Aspekt des Begehrens." Es ist dieses Gefühl, das Sie in gewissem Maße in der Vorstellung des Interessenten geweckt haben. Sie haben ihn zu den ersten Phasen der Neigung gebracht, was ihn natürlich zu einer Überlegung bringt, ob er berechtigt ist, das Produkt zu kaufen, und zu dem Punkt, an dem er anfangen wird, die Vor- und Nachteile des Kaufs abzuwägen - die Frage, ob er bereit ist, "den Preis" dafür zu zahlen, was schließlich die entscheidende Frage in fast allen Formen der Überlegung nach Neigung und Verlangen ist. Aber wenn der Interessent in die Phase der Überlegung eintritt, darf man die Frage des Begehrens nicht aus den Augen verlieren, denn es kann notwendig sein, sie in ihm neu zu entfachen oder auf ihren Funken zu stoßen, wenn er über "kaufen oder nicht kaufen" debattiert. Die Deliberation ist weitgehend eine Frage eines Motivkonflikts, und das Begehren ist ein mächtiges Motiv - deshalb müssen Sie bereit sein, eine neue Phase des "Wollens" zu wecken, in der Aussicht, ein Gegengewicht zu einem anderen Motiv zu schaffen, das die Waage in die andere Richtung drehen könnte.

Wenn Sie in die Phase der Beratung oder des Arguments eintreten, geht die Diskussion von der unpersönlichen Ebene auf die persönliche Ebene über. Die Frage ist nicht mehr: "Ist das nicht eine gute Sache?", sondern "Sollten Sie es nicht für sich selbst haben? Das ist eine deutliche Veränderung der Basis, und der Verkäufer hat jetzt andere Fähigkeiten. Er verlässt die beschreibende Phase und tritt in die Phase der Argumentation ein. Er tritt in die zweite Bedeutung oder Phase der Demonstration ein, die definiert wurde als: "Den Beweis erbringen." Und die Frage des Beweises und des Arguments ist die, ob die Absicht, das Ding zu erwerben, gerechtfertigt ist. Der Verstand des Interessenten berücksichtigt bereits die beiden Seiten der Frage, nämlich seine Vorsicht, die seiner Neigung entgegenwirkt. Er ist wie "Jeppe", von dem wir Ihnen im vorigen Kapitel erzählt haben. Jetzt geht es bei ihm um "meinen Rücken oder meinen Magen". Die Aufgabe des Verkäufers ist es nun, ihm zu zeigen, dass er das Ding erwerben kann und soll. Dies ist ein Vorgehen, bei dem das Fingerspitzengefühl, die Ressourcen, die Menschenkenntnis, die Überzeugungskraft und die Logik des Verkäufers gefragt sind.

Der Verkäufer hat hier einen Vorteil, den er oft übersieht. Wir weisen darauf hin, dass gerade die Einwände des Interessenten und seine Fragen einen Schlüssel zu seinen mentalen Vorgängen geben, die der Verkäufer verfolgen kann. Er weiß jetzt, was der Interessent denkt und was seine allgemeinen Gefühle, Ansichten und Neigungen in dieser Angelegenheit sind. Wenn er zu sprechen beginnt, gibt er Ihnen einen Einblick in seine Motive, Vorurteile, Hoffnungen und Ängste. Es ist eine ziemliche Kunst, den Interessenten dazu zu bringen, die Fragen zu stellen oder die Einwände vorzubringen, auf die man ein starkes Verkaufsargument hat. Dann kann man ihm sein Argument wieder zurückgeben. Es ist eine psychologische Tatsache, dass die Kraft einer Aussage, die als Antwort auf einen Einwand in der Frage gemacht wird, viel stärker ist, als die gleiche Aussage, die ohne die Frage oder den Einwand gemacht würde.

Macbain sagt: "Lincoln, es ist naheliegend, er hat schon früh im Studium der Rechtswissenschaften gelernt, dass er nicht weiß, was es heißt, eine Sache zu beweisen. Durch sorgfältiges, gewissenhaftes Studium, in dem er die Probleme Euklids, eines nach dem anderen, aufgriff, überzeugte er sich, dass er dann absolut erkannte, was es bedeutete, eine Aussage zu beweisen. Einer der angesehensten Richter der Iowa-Justiz sieht jedes Rechtsproblem als eine durch eine Kette von Argumenten zu beweisende Behauptung an. Der Verkäufer, der mit absoluter Genauigkeit bestimmt, was es bedeutet, erstens eine Aussage zu beweisen und zweitens die allgemeinen Prinzipien der

Demonstration auf eine unmittelbare Angelegenheit anzuwenden, weiß, wie weit er bei seiner Demonstration gehen muss, was er einschließen und was er ausschließen muss. Er kann vor seinem geistigen Auge die Kette der Beweise sehen, die er formt, und er wird dieses Gewebe seines Verstandes genau, logisch und überzeugend machen".

Man wird sehen, dass das Diskussionsfeld in dieser Phase der Beratung nicht nur das Thema des Wertes und des Nutzens der Ware oder des Angebotes umfasst, sondern auch die Frage des Preises, die Zweckmäßigkeit des Kaufs zu diesem Zeitpunkt, die besonderen Vorteile, die man besitzt, die Übergewichtung der angenommenen Nachteile und in der Tat die ganze Frage des Kaufs von Anfang bis Ende.

Das Einzige, was dem Verkäufer jedoch im Gedächtnis bleiben muss, ist: "Das wird Ihnen gut tun; das wird Ihnen gut tun; das wird Ihnen gut tun! Hämmern Sie weiter auf diesen einen Nagel ein, auf hundert Arten - halten Sie ihn hoch, um ihn aus hundert Perspektiven und Winkeln zu betrachten. Das ist der Kern des ganzen Arguments, zum Schluss. Lassen Sie sich nicht von diesem wesentlichen Satz ablenken, auch wenn sich das Argument über ein weites Feld ausbreitet. Der Punkt ist, dass (1) die Sache gut ist; (2) der Prospekt es braucht; und (3) dass Sie ihm einen guten Dienst erweisen, indem Sie ihn dazu bringen, zu sehen, dass er es braucht. Wir wussten einmal von einem sehr erfolgreichen Lebensversicherungsverkäufer, der nur zwei Punkte für sein Verkaufsgespräch hatte. Diese waren: (1) "Lebensversicherung ist eine Notwendigkeit" und (2) "Meine Firma ist gesund." Er schob alle anderen Punkte als unwichtig beiseite und bestand mit ganzem Herzen und ganzer Seele auf seinen beiden Punkten. Er war weder ein gebildeter Mann, noch war er in den technischen Einzelheiten der Lebensversicherung versiert, aber er kannte seine beiden Punkte vom Keller buchstäblich aus dem Effeff. Er übertrifft viele Männer mit versicherungsmathematischem Verstand und erweitertem Wissen. Er folgte der "Gewehrkugel"-Politik, anstelle des "Schrotflinten"-Plans Als er das Ziel traf, machte er ein Zeichen!

Es ist die mentale Einstellung des Verkäufers, die die Kraft hinter seinen argumentierenden Gewehrkugeln ist. Es ist sein Enthusiasmus, der die Fantasie und den Wunsch des Interessenten erwärmt. Und dahinter muss immer sein Glaube an sein eigenes Angebot stehen. Der Verkäufer muss sich immer wieder "verkaufen", wie Freund Holman vorgeschlagen hat. Er muss auf jeden Einwand antworten, der ihm selbst einfällt, ebenso wie auf die Einwände, die ihm in seiner Arbeit auferlegt werden. Wenn die Ware stimmt, muss es auf jeden Einwand eine Antwort geben, so wie es beim Schach einen Rückzug auf jeden Zug gibt - so wie es immer "die andere Seite" zu allem gibt. Er muss diesen Zug finden, und diese "andere Seite" zu jedem Einwand, dem gegenüber sein Vorschlag offen ist. Und er muß sich immer wieder "verkaufen", wie wir gesagt haben. Die Leute der Nationalkasse sagen ihren Verkäufern: "Registrierkassen zu verkaufen ist eine seriöse Arbeit. Sie haben eine klare Aussage über die Tatsachen zu machen, von deren Richtigkeit Sie überzeugt sind, und von denen Sie sicher sind, dass es zum Nutzen des Interessenten ist, sie zu kennen. Sie sollten dabei so aufrichtig sein, als wären Sie ein Geistlicher, der das Evangelium predigt. Wenn Sie in diesem aufrichtigen Geist an die Sache herangehen, wird der Interessent die Bedeutung dessen, was Sie sagen, spüren, und es wird sein gebührendes Gewicht haben. Es ist eine Tatsache, an die Sie voll und ganz glauben müssen, dass das Register ein großer Vorteil für jeden Mann ist, der es kauft; dass es jedem Händler ein Vielfaches seiner Kosten erspart, während er dafür bezahlt".

Pierce sagt: "Also ist es beim Verkauf absolut notwendig, dass es echt ist. Zuallererst und vor allem - sei echt. Praktiziere unbedingt, was du predigst. Seien Sie ehrlich. Nimm niemals eine Produktlinie in Angriff, die du nicht enthusiastisch unterstützen kannst. Sonst können Sie sich nicht "selbst verkaufen". Und sich selbst zu verkaufen ist unbedingt notwendig. Studenten haben uns gefragt: "Wie wäre es mit Ehrlichkeit, wenn der Kunde Ihnen eine Frage stellt, von der Sie im Herzen wissen, dass Sie sie nicht direkt beantworten können? Die Antwort lautet: Lass diese Zeile fallen; je früher, desto besser."

Es ist wahr, dass es Männer gibt, die "die Livree des Himmels tragen, um dem Teufel zu dienen", und die Selbsthypnotisierung an sich selbst praktizieren, bis sie tatsächlich glauben, dass sie einen ehrlichen Vorschlag anstelle des "Fakes", den sie vorschlagen, vertreten. Und viele dieser "Vertrauensmänner" und "Grüngutmenschen" stürzen sich so ernsthaft in ihr Handeln, dass sie ihre Opfer aufgrund ihres Ernstes überzeugen. Wir erinnern uns an Bulwers Geschichte

vom französischen Bettler, dessen Tränen die Herzen seiner emp-
fänglichen Opfer vernichtend trafen. "Wie kannst du nach Belieben
weinen?", wurde er gefragt. "Ich denke an meinen armen Vater, der
tot ist", antwortete er. Bulwer fügt hinzu: "Ich denke an meinen armen Vater. "Die Verbindung von Gefühlen und der Fähigkeit zu
schwindeln machte diesen Franzosen zu einem faszinierenden Wesen!" Aber jedes echte Ding muss eine Fälschung haben - die Existenz der letzteren dient nur zum Beweis der ersteren. Der Erfolg der
"J. Rufus Wallingford's" des echten Lebendigen, wird mehr als ausgeglichen durch seinen endgültigen Untergang. Kein Mann kann seine Talente prostituieren und glücklich oder gar erfolgreich sein. Das
Gesetz der Entschädigung ist in vollem Gange. Nein, wir predigen
nicht - wir schwelgen nur in ein wenig Philosophie, das ist alles!

Kommen wir nun zur Phase des Verkaufsabschlusses und der Entscheidung und Aktion des Interessenten.

# KAPITEL X DER ABSCHLUSS

Der "Abschluss" ist eine Phase des Verkaufs, die für die Mehrheit der Verkäufer ein gefürchtetes Problem darstellt. Tatsächlich begnügen sich einige Verkäufer damit, den Interessenten an den Punkt zu führen, der an Entscheidung und Aktion grenzt, und verlieren dann den Mut, verlassen den Interessenten und bringen später den Verkaufsleiter oder einen speziellen "Schlussmann" für das Unternehmen mit. Sie können das Pferd zur Tränke führen, aber sie können es nicht zum Trinken bringen. Es stimmt zwar, dass die Phase des Abschlusses eine heikle ist und eine praktische psychologische Strategie beinhaltet, aber wir sind der Meinung, dass viele Verkäufer Opfer ihrer eigenen negativen Autosuggestionen in dieser Angelegenheit sind - sie machen einen Buhmann aus der Sache, der oft nur aus Latten und Gips statt aus massivem Eisen und Granit besteht. So mancher Verkäufer wird bei seinem Abschluss eher von seinen eigenen Ängsten als von der Kaufperspektive besiegt. In dieser Phase des Verkaufs sollte der Verkäufer aus seinem Reservevorrat an Begeisterung und Energie schöpfen - denn er braucht ihn, um den Tag zu überstehen. Wie Holman einmal schrieb: "General Grant sagte, dass in fast jeder Schlacht, nach stundenlangem Kampf, ein kritischer Moment kam, in dem beide Parteien müde waren, und die Seite, die sich in diesem Moment behauptete und hart schlug, würde gewinnen. Das ist wahrscheinlich so beim Verkauf. Ein guter Verkäufer kennt diesen kritischen Moment und trommelt."

Die Hauptursache für das Scheitern der erfolgreichen Entscheidung - die erste der beiden letzten Phasen des Abschlusses - ist, dass der Verkäufer in der Vorphase der Demonstration nicht seine beste Arbeit geleistet hat. Er hat das Angebot nicht richtig demonstriert oder die Fantasie und die Neigung des Interessenten nicht ausreichend geweckt. Viele Verkäufer vernachlässigen den Vorprozess der Demonstration in ihrer Angst, den Abschluss zu erreichen - aber das ist ein großer Fehler, denn keine Struktur ist stärker als ihr Fundament. Der Abschluss sollte als logische und legitime Schlussfolgerung der vorhergehenden Phasen folgen. Es sollte wie das Ergebnis eines mathematischen Problems sein, das sorgfältig ausgearbeitet wurde. Natürlich ist es für einen einzelnen Verkäufer unmöglich, "

Alles zu verkaufen", von der Natur der Dinge her - aber der durchschnittliche Verkäufer könnte an einen größeren Prozentsatz der Interessenten verkaufen, wenn er sich entlang der Vorstufen bis zum Abschluss und zu den letzten Schritten des letzteren steigern würde.

Der Kern der ganzen Angelegenheit des Scheiterns einer Verkaufschance, eine günstige Entscheidung zu treffen, ist dies: Er ist nicht überzeugt worden! Warum? Wenn Sie diese Frage beantworten können, haben Sie den Schlüssel zum Problem. Sie haben den Wunsch des Mannes nicht erreicht. Wieso nicht? Wenn Sie ihn dazu bringen können, die Sache zu "wollen", ist die Entscheidung nur eine Frage der endgültigen Entscheidung. Vielleicht haben Sie dem Mann gesagt: "Das ist eine gute Sache - Sie sollten sie haben", immer und immer wieder - aber haben Sie ihm tatsächlich gezeigt, dass es eine gute Sache ist und dass er sie haben sollte? Es ist eine Sache, einem Mann diese Dinge zu sagen, und eine andere, seine eigenen Überzeugungen in seinem Geist zu reproduzieren.

Die Umwandlung des Geredes von dem, was die Absicht des Kunden betrifft, zu dem, was seine Entscheidung beeinflusst, ist eine heikle Angelegenheit. Es gibt einen "psychologischen Moment" für die Veränderung, den einige Männer intuitiv wahrzunehmen scheinen, während andere ihn durch harte Erfahrung lernen müssen. Es ist der kritische Balancepunkt zwischen "genug" und "zu viel" Gerede.

Einerseits muss sich der Verkäufer vor einem vorzeitigen Abschluss hüten, andererseits muss er es vermeiden, einen Mann nach dem psychologischen Verkauf "unverkauft" zu lassen. Manche Menschen neigen zu einem dieser Fehler - und manche zu dem anderen. Der ideale Verkäufer hat den schönen Punkt der Balance zwischen beiden gefunden.

Wenn der Verkäufer versucht, einen vorzeitigen Abschluss zu machen, wird er es wahrscheinlich versäumt haben, den vollen Wunsch und die sorgfältige Überlegung im Kopf des Interessenten herbeizuführen. Wie ein praktischer Schriftsteller zu diesem Thema aufgezeigt hat, ist dieser Verlauf so fehlerhaft wie der eines Anwalts, der versuchen würde, sein Schlussplädoyer vor den Geschworenen zu beginnen, bevor er seine Beweise vorgelegt hat. Der geschulte Finger am Puls sollte die "Hochspannung des Interesses" erkennen und die Demonstration an dieser Stelle beenden und sicher und schnell zum Abschluss kommen.

Andererseits, wenn der Verkäufer, nachdem er einen bestimmten Punkt oder alle seine Punkte angesprochen hat, weiterredet, herumschweift und umherirrt, läuft er Gefahr, die Aufmerksamkeit und das Interesse seines Interessenten zu verlieren und damit die neu erwachte Neigung und das Verlangen. James H. Collins erzählt in einem kürzlich erschienenen Artikel in der "The Saturday Evening Post" die folgende amüsante Anekdote, die diese Tendenz des Verkäufers illustriert:

"Wie leicht sich ein Kunde vom Kauf abbringen lässt, zeigt die Erfahrung eines Immobilienvermittlers, der über einen Stab von Verkäufern New Yorker Immobilien an Investoren in anderen Städten verkauft. Einer seiner Männer berichtete, dass er einen älteren Deutschen in Pittsburg nicht zum Abschluss bringen konnte. Ich habe die ganze Immobilie erklärt", sagte der Verkäufer. Er versteht die Möglichkeiten, aber er investiert nicht. Als der Promoter das nächste Mal in Pittsburg war, rief er diesen Investor in Begleitung seines Verkäufers an. Dieser erklärte den Vorschlag noch einmal sehr ausführlich und bemühte sich, klar und überzeugend zu sein. * * * * Von Zeit zu Zeit versuchte der Investor zu unterbrechen, aber der Verkäufer fegte weiter und sagte: "Einen Moment, und ich werde diesen Punkt mit Ihnen besprechen. Als die Geschichte fertig war, rekapitulierte er. Als die Geschichte zu Ende war, begann er mit der Zusammenfassung, um den Mann zu hetzen. Hier fühlte der Chef, dass der Investor wirklich gehört werden wollte, also unterbrach er den Verkäufer: "Charlie, ich denke, wenn Mr. Conrad hier nicht die großartigen Möglichkeiten in New Yorker Immobilien erkennt, nach allem, was du ihm gesagt hast, hat es keinen Sinn, ihm noch mehr zu sagen. "Mein Gott!" protestierte Conrad. "Ich weiß, dass es so ist. Was ich sagen wollte, ist, dass ich diese Grundstücke nehmen werde.'"

Es gibt einen sechsten Sinn oder eine intuitive Fähigkeit, die bei vielen guten Verkäufern entwickelt wurde und die dazu neigt, sie zu informieren, wenn sie genug in einer bestimmten Richtung oder über das ganze Thema gesagt haben. In der Mitte eines Satzes oder nach dem Ende einer Aussage wird man eine subtile und undefinierbare Veränderung in der Art und Weise oder im Ausdruck der Aussicht bemerken, die einen darauf hinweist, dass es Zeit ist, aufzuhören und "zusammenzufassen" oder kurz zu rekapitulieren. Und dieses "Resümieren" muss kurz und auf den Punkt gebracht werden, und zwar auf eine ernsthafte Art und Weise. Es sollte in einer logischen Reihenfolge und Abfolge erfolgen, wobei jeder Punkt wie mit einem Vorschlaghammer der Überzeugung vorgetragen wird. Besonders hervorzuheben sind die Punkte, die während der Demonstration für den Interessenten interessant erschienen. Kurzum, er sollte sich dem Geist des Anwalts in seinem Schlussplädoyer anschließen, in dem er seine Stärken zusammenfasst, immer mit Blick auf die Jury, die er während des Verlaufs des Prozesses sorgfältig auf Anzeichen von Interesse beobachtet hat. Der Charakter jedes Geschworenen wird durch eine Instanz im Geist des Interessenten repräsentiert - jeder sollte auf seine eigene Weise angesprochen werden.

Die Wahrnehmung des "psychologischen Moments" des Abschlusses des Verkaufsgesprächs ähnelt der des Anwalts, der seine Jury zu einem dramatischen und logischen Höhepunkt führt - und dann aufhört. Vermeiden Sie es, einen Gegenpol zu schaffen. Mr. Collins sagt in dem soeben erwähnten Zeitschriftenartikel: "Der Hauptmangel des Verkäufers, der Schwierigkeiten beim Abschluss hat, ist normalerweise, dass er nicht weiß, wann der psychologische Moment gekommen ist, um seinen Kunden zu drängen. Dies ist ein ganz bestimmter Moment in jedem Geschäft. Erfahrene Verkäufer beurteilen ihn auf unterschiedliche Weise, einige durch die Aufmerksamkeit, die ihr Argument erhält, andere durch irgendein Zeichen in den Augen des Kunden und wieder andere durch eine Art sechsten Sinn, der sie selten in die Irre führt. * * * * Könnte man den Mechanismus eines repräsentativen Verkaufs zum Studium aufdecken, würde er wahrscheinlich dem Mechanismus des Universums in jener materiellen Theorie nahekommen, mit der die Philosophen das Ganze erklären, bis zu dem Punkt, an dem ein leichter Schubs nötig war, um es ewig in Gang zu setzen. Der Verkauf des Mannes, der nicht zum Ende kommt, ist technisch abgeschlossen, bis auf den Schub, der den Auftrag an Land zieht. Der Verkauf kann durch geduldige Darlegung von Tatsachen erfolgen, indem man den Fall für die Produkte aufbaut. Aber um sie abzuschließen, ist sehr oft ein echter Schubs oder Kick nötig. Die Logik reicht bis zu dem Moment, wo der Kunde gedrängt werden muss."

Das Problem mit einigen Interessenten ist, dass sie die Entscheidung praktisch schon getroffen haben - aber nicht wissen, dass sie es haben. Das heißt, sie haben die Prämissen des Arguments akzeptiert; sie haben die Logik des nachfolgenden Arguments und der Demonstration zugegeben; können kein Entkommen aus der Schlussfolgerung erkennen - aber sie haben noch immer nicht die Quelle der formalen Entscheidung freigegeben, die die Angelegenheit mit einem mentalen "Klick" regelt. Es ist die Aufgabe des Verkäufers, diesen mentalen "Klick" zu erzeugen. Es ist ein Prozess, der dem "Appell an die Hand" des Gegners in einem speziellen Spiel ähnelt, das sich von dem des Verkäufers unterscheidet. Es ist das Stadium, in dem die Angelegenheit fair und direkt "in Aussicht gestellt" wird. Es ist eine Situation, die dem Verkäufer Nerven abverlangt - das sind offensichtlich Nerven, denn schließlich ist es ein Bluff seinerseits, denn obwohl er gewinnt, wenn der Interessent "Ja" sagt, verliert er nicht unbedingt, wenn die Antwort "Nein" lautet, denn der Verkäufer sollte sich, wie ein Liebhaber, niemals von einem "Nein" entmutigen lassen. "Nimm niemals ein Nein als Antwort", sagt der alte Song - und es ist wert, dass sich der Verkäufer daran erinnert.

Der "Klick" der Entscheidung wird oft dadurch erzeugt, dass der Verkäufer eine starke Frage oder Aussage an den Interessenten "stellt", was ihn, im Volksmund, "auf die Beine bringt". Wie z.B. die abschließende Illustration einiger der Nationalkassenverkäufer, die sich, nachdem sie die Vorzüge der Registrierkasse demonstriert haben, indem sie die "7,16 Dollar echten Geldes" in Zwei-Dollar-Scheinen, Ein-Dollar-Scheinen, Silberdollars, halben Dollars, Vierteln, Zehncentstücken, Nickles und Pennys in den verschiedenen Punkten der Demonstration hineingelegt haben, plötzlich zum Interessenten wenden und zu ihm sagen: "Herr Blank, Sie haben jede Münze und jeden Schein, den ich in diese Kassenschublade gelegt habe, beobachtet. Wie viel Geld ist Ihrer Meinung nach in dieser Schublade?" Herr Blank weiß es natürlich nicht. Dann macht der Verkäufer weiter: "Nun, wenn Sie keine Ahnung haben, wie viel Geld in dieser Schublade liegt, dann müssen Sie, nachdem Sie mir zugesehen haben, wie ich jede Münze und jeden Schein hineingelegt habe, viel genauer, als Sie solche Transaktionen in Ihrem eigenen Laden beobachten könnten, zugeben, dass Sie jede Nacht raten, wie viel Geld in Ihrer Kassenlade in Ihrem Laden liegen sollte." Der Verkäufer hält einen Moment inne, um diesen starken Punkt in den Gedanken des Interessenten einwirken zu lassen, und sagt dann ernsthaft und eindrucksvoll: *"Mr. Blank, meinen Sie nicht, dass Sie so eine Kasse haben sollten?"* Jeder Vorschlag enthält ähnliche Merkmale, wie der oben erwähnte, die effektiv genutzt werden können, um den "Klick" der Entscheidung herbeizuführen.

In einigen Fällen kann der Nachahmungsvorschlag in dieser Phase durch die Vorlage von Aufträgen anderer eingesetzt werden, sofern diese von Bedeutung sind. Einige Menschen mögen das nicht, aber die Mehrheit lässt sich durch das Beispiel anderer beeinflussen und der Imitationsvorschlag überwiegt und senkt die Stufe der Entscheidung. In einigen anderen Fällen hat der Verkäufer es als vorteilhaft empfunden, in einen ernsten, aufrichtigen Tonfall zu verfallen, einen Zustand zu manifestieren, der dem des ernsthaften Mitarbeiters bei einer Erweckungsversammlung ähnelt, und dem Interessenten die Hand auf den Arm zu legen, um ihm die dringende Notwendigkeit zu vermitteln, diese Sache zu seinem eigenen Wohl zu tun. Mit einigen Aussichten führt dieser Plan, die Hand in brüderlichem Geiste auf ihn zu legen und ihm ernsthaft in die Augen zu schauen, zur endgültigen Erwärmung der Überzeugung und Entscheidung - wahrscheinlich durch die damit verbundene Anregung früherer feierlicher Ermahnungen und freundlicher Ratschläge. Aber andere Menschen verübeln eine solche Vertrautheit - man muss die menschliche Natur bei der Anwendung dieser Methode kennen.

Versuchen Sie nie, Ihren Verkauf in Gegenwart von Außenstehenden abzuschließen. Verschieben Sie es immer, bis der Interessent allein ist und Sie seine ungeteilte Aufmerksamkeit haben. Es ist unmöglich, sich in der Gegenwart anderer Leute auf das "Herz zu Herz"-Verhältnis einzulassen.

Sie können die Entscheidung manchmal durch gezielte und angemessene Fragen herbeiführen, deren Beantwortung die Sache zum Abschluss bringen muss. Aber achten Sie bei diesen Fragen immer darauf, dass Sie nicht eine Frage stellen, die leicht mit einem "Nein" beantwortet werden kann. Sagen Sie niemals: "Wollen Sie nicht kaufen?", oder "Kann ich es nicht verkaufen?" Diese Fragen, und andere wie sie, lassen eine negative Antwort vermuten - sie machen es dem Interessenten zu leicht, "Nein" zu sagen. Denken Sie daran, was wir an anderer Stelle über die Suggestion von Fragen gesagt haben. Erinnern Sie sich an das schreckliche Beispiel von "Sie wollen heute nichts kaufen, oder?" Und denken Sie auch daran, dass eine Frage, der eine bejahende Aussage vorausgeht, tendenziell eine bejahende Antwort hervorruft. Wie zum Beispiel..: "Das ist ein schöner Tag, nicht wahr?" oder "Das ist ein schöner Rosaton, nicht wahr?" oder "Das ist eine ziemliche Verbesserung, nicht wahr?" Wenn Sie die wichtige Frage stellen, zeigen Sie keinen Zweifel an Ihrem Ton, Ihrer

Art und Weise oder Ihrer Ausdrucksweise. Hüten Sie sich immer davor, eine negative Gedankenspur zu ziehen, über die Sie gehen wollen. Der Verstand arbeitet nach dem Prinzip des geringsten Widerstands - achten Sie darauf, dass Sie diese "Linie" in die richtige Richtung ziehen.

In Fällen, in denen Ihnen ein Freund, mit dem er den Vorschlag besprochen hat, empfohlen hat, sich an eine Person zu wenden, werden Sie oft feststellen, dass nur wenig Vorgespräch nötig ist, und Sie können sehr kurz nach der Eröffnung des Gesprächs zum Abschluss kommen. In diesen Fällen hat der Interessent oft ohne Ihr Zutun " den Abschluss" gemacht hat - er will die Sache ohne Ihr Drängen. Wenn Sie diese Bedingung erfüllen, nehmen Sie die Dinge als selbstverständlich an und machen Sie den Verkauf so, wie Sie es tun würden, wenn der Interessent Sie zum Kauf aufgefordert hätte. Und in jedem Fall, wenn Sie sehen, dass der Kaufinteressent selbst abgeschlossen hat, bringen Sie die Sache sofort zum Ende. Und Sie können leicht erkennen, wann dieses Stadium erreicht ist. Schließlich ist der Prozess der Entdeckung des "psychologischen Moments" des Abschlusses wie die intuitive Entdeckung des psychologischen Moments für das "Fragenstellen" beim Umwerben. Zu bestimmten Zeiten des Umwerbens kommen diese psychologischen Momente auf - dann ist die Zeit des "Abschlusses". Und dieselbe Regel gilt auch für die Verkaufstechnik. Es ist schließlich größtenteils eine Frage des Gefühls.

Und denken Sie beim Verkaufen, wie beim Umwerben, daran, dass "das feige Herz nie die feine Dame gewann." Das Schicksal begünstigt die Tapferen. Wenn Sie den psychologischen Drang des Augenblicks verspüren, greifen Sie ein! Haben Sie keine Angst. Denken Sie an das alte Paar:

> *"Mit zarten Händen fasst du eine Brennnessel, und sie brennt mit heftigen Schmerzen.*
> *"Nimm sie wie ein mutiger Mann, und sie ist weich wie Daunen."*

Wenn es um den psychologischen Moment geht, verbannen Sie die Angst aus Ihrem Geist. Zeigen Sie Mut und seien Sie " willig". Sie müssen den Sprung wagen und das Risiko eines "Antrags" eingehen - warum nicht jetzt? Sie haben Ihr Bestes getan, dann machen Sie weiter. Stehen Sie auf und nutzen Sie Ihre Chance wie ein Mann. Aber tun Sie nie so, als ob es eine Chance gäbe - bewahren Sie Ihre mentale Einstellung der zuversichtlichen Erwartung, denn diese mentalen Zustände sind ansteckend.

Wenn die Entscheidung trotz allem gegen Sie ist, lassen Sie sich nicht entmutigen. Wenn Sie glauben, Sie können die Entscheidung durch etwas mehr Überzeugungsarbeit rückgängig machen, dann tun Sie das unbedingt. Manch eine Schlacht wird gewonnen, nachdem sie scheinbar verloren ist. Nur wenige Jungfrauen erwarten von ihren galanten Burschen, dass sie das erste "Nein" als schlüssig akzeptieren - und die Köpfe vieler Käufer arbeiten auf die gleiche Weise. Es gibt eine gewisse Schüchternheit bei den Mägden und die Chancen, die ein wenig mehr Zureden erfordern. Viele Interessenten geben erst beim letzten Appell nach - sie sind wie Byrons Heldin, die "sagt, sie würde nie zustimmen, eingewilligt hat".

Aber wenn das "Nein" endgültig ist, dann nehmen Sie es gutmütig und ohne Ressentiments und in der Annahme eines "Ich rufe an einem anderen Tag wieder an" Geistes, verabschieden Sie sich höflich und nehmen Sie Ihren Abschied. Auf diese Weise wurden viele Verkäufe getätigt - und viele sind durch eine Show von Unzufriedenheit verloren gegangen. Der Durchschnittsmensch liebt einen Kämpfer und respektiert einen "guten Verlierer". Geben Sie nicht auf, wenn es nicht um ein "K.O." geht, aber wenn das gegeben ist, schütteln Sie dem Sieger gutmütig die Hand und planen Sie dann ein weiteres Interview. Gutmütigkeit und Heiterkeit unter Niederlagen versäumen es nie, Freunde zu finden und Feinde zu entwaffnen.

Wie wir bereits in einem früheren Kapitel gesagt haben, gibt es manchmal ein Problem zwischen Entscheidung und Aktion. Der Geist des Zögerns schleicht sich ein, und die Erwartung versucht, die tatsächliche Ordnung zu verschieben. Versuchen Sie, dies zu überwinden, indem Sie den Befehl sofort "aufheben". Erlauben Sie in diesem Stadium kein Warten. Wenn kein unterschriebener Auftrag notwendig ist, dann notieren Sie den Auftrag so schnell wie möglich in Ihrem Auftragsbuch. Halten Sie Ihr Auftragsbuch griffbereit, damit keine unangenehme Wartezeit entsteht. Vermeiden Sie diese Wartezeiten so weit wie möglich. Ziehen Sie die Sache durch und steigen Sie aus.

Wenn ein unterschriebener Auftrag erforderlich ist, gehen Sie selbstverständlich an die Anfrage heran. Nehmen Sie nicht die Haltung ein, dass Sie um einen weiteren Gefallen bitten oder ein Argument bezüglich der Unterzeichnung fordern müssen. Behandeln Sie es als eine Selbstverständlichkeit, und als wäre die Angelegenheit vereinbart worden. Sagen Sie nicht: "Ich werde Sie um eine Unterschrift bitten müssen" usw., sondern sagen Sie einfach "Unterschreiben Sie bitte hier", indem Sie Ihren Füllfederhalter auf die "suggestive Schräge" und in seine Richtung stellen und gleichzeitig die Linie anzeigen. Manche Verkäufer berühren sogar die Linie mit dem Stift, so dass die Tinte fließt und die Suggestion mit einer Bewegung arbeitet. Andere gehen ruhig vor, so wie hier: "Mal sehen, Mr. Blank, wie lautet Ihre Lieferadresse (oder Hausnummer)?" und fügen hinzu: "Wir können diese Ware bis etwa zu diesem oder jenem Datum hier haben." Und während er dies sagt, füllen sie die leere Bestellung aus. Dann legen sie die Bestellung auf höchst geschäftsmäßige Art und Weise vor den Interessenten, geben die Zeile zur Unterschrift an und sagen: "Wenn Sie jetzt bitte hier unterschreiben würden, Herr Blank." Und dann ist alles vorbei.

Halten Sie die Bestellung immer bereit, oder das Buch und den Füllfederhalter. Vermeiden Sie es, nach dem Füller oder dem Buch zu fummeln, sonst geht es in die falsche Richtung. Manche Verkäufer legen den Füller auf das Auftragsbuch und legen ihn während des Gesprächs leicht vor den Interessenten. Andere legen den Stift auf die gleiche Weise an die Seite des Buches. Collins sagt: "Eine der führenden Zeitungen im Mittleren Westen hat eine Schule für die Akquisiteure, die um Abonnements werben. Ein Satz Bücher wird in Verbindung mit einem Jahresabonnement dieser Zeitung verkauft, und die Akquisiteure werden in altmodischen Buchverkaufstaktiken gedrillt und lernen ihre Argumente auswendig. Genau an der Stelle, an der die Unterschrift des Interessenten gesichert werden soll, lernt der Verkäufer, seinen Bleistift aus der Tasche zu nehmen, ihn scheinbar zufällig auf den Boden fallen zu lassen, sich zu bücken und ihn aufzuheben, während er seine Argumentation beendet, und ihn wie selbstverständlich in die Finger des Interessenten zu stecken. Sechs von zehn Mal wird die Unterschrift ohne weitere Argumente geschrieben." Der psychologische Punkt, der hier verwendet wird, ist offensichtlich der, den Verstand des Interessenten von seinem gewöhnlichen Einwand abzulenken und seine Aufmerksamkeit auf den wiedergefundenen Stift zu lenken. Ähnlich verhält es sich mit bestimmten Verkäufern, die einen großen Füllfederhalter mit einem um den Griff gewickelten Gummiband tragen. Fröhlich redend lassen sie den Stift auf den Schreibtisch des Interessenten fallen, nahe an seiner Hand. Das Gummiband lässt ihn geräuschlos fallen und verhindert, dass er rollt. Der Interessent soll den Stift unwillkürlich in die Hand nehmen und ihn in Richtung des Auftragsbuchs bewegen, das ihm geschickt vorgelegt wurde, und dann, immer noch in das Gespräch des Verkäufers vertieft, unterschreibt er den Auftrag leer. Diese Methoden werden in ihrer Bedeutung und zur Veranschaulichung eines psychologischen Prinzips angegeben. Persönlich bevorzugen wir diese Methoden nicht und ziehen den orthodoxen Füllfederhalter vor, der höflich den Prospekt in der "suggestiven Neigung" überreicht, wobei der Punkt, der möglicherweise die Linie berührt, als Illustration des "auf dieser Linie, bitte", das ihn begleitet, dient.

Der Grundsatz, der in allen Fällen zu beachten ist, in denen Bestellungen unterschrieben, Quittungen ausgestellt werden müssen, etc. ist, dem Interessenten den Vorgang so einfach wie möglich zu machen. Lassen Sie ihn auf der Grundlage des geringsten Widerstandes arbeiten. Vermeiden Sie es, ihm den nachteiligen Vorschlag von "Bürokratie", Formalitäten, "eisernen Verträgen" usw. zu machen. Handeln Sie nach dem Prinzip des jungen Mannes, der, wenn er seinen Vater um Geld bat, es sehr glatt und schnell "zwanzig Dollar bitte" sagte, als ob es zwanzig Cent wären. Schaffen Sie jede Verzögerung und Reibung ab und nehmen Sie die "Gummireifen und Kugellager" Geisteshaltung und Verfahrensweise an.

Bezüglich der viel umstrittenen und belastenden Frage nach dem Intervall zwischen Entscheidung und Aktion und dem häufigen Ausbleiben der Entscheidung in der Praxis - diese Frage ist übrigens sehr wichtig für den Abschluss des Verkäufers - bitten wir Sie, das Folgende aus der Feder von Prof. William James, dem angesehenen Psychologen, zu lesen:

"Wir wissen, was es heißt, an einem eiskalten Morgen in einem Zimmer ohne Feuer aus dem Bett zu kommen, und wie das ganz wesentliche Gefühl in uns gegen diese Tortur protestiert. Wahrscheinlich haben die meisten Menschen an manchen Morgen eine Stunde lang gelegen, ohne dass sie fähig waren, sich auf die Entscheidung festzulegen. Wir denken, wie spät wir kommen werden, wie die

Pflichten des Tages leiden werden; wir sagen: "Ich muss aufstehen, das ist widerwärtig" usw.; allerdings fühlt sich die warme Couch zu köstlich an, die Kälte draußen zu grausam, und die Entschlossenheit wird immer wieder schwach und schiebt sich immer wieder auf, gerade so, als ob sie kurz davor wäre, den Widerstand zu brechen und in den entscheidenden Akt überzugehen. Wie können wir nun unter solchen Umständen jemals aufstehen? Wenn ich aus eigener Erfahrung verallgemeinern darf, stehen wir meistens ohne jeden Kampf und ohne jede Entscheidung auf. Wir stellen plötzlich fest, dass wir aufstehen müssen. Ein glücklicher Bewusstseinswechsel tritt ein; wir vergessen sowohl die Wärme als auch die Kälte; wir verfallen in eine mit dem Tagesablauf verbundene Träumerei, in deren Verlauf uns der Gedanke überkommt: "Hallo! Ich darf hier nicht mehr liegen" - eine Idee, die in diesem Glücksmoment keine widersprüchlichen oder lähmenden Suggestionen weckt und somit sofort ihre entsprechende motorische Wirkung entfaltet. Es war unser scharfes Bewusstsein sowohl der Wärme als auch der Kälte während der Zeit des Kampfes, das zuvor unsere Tätigkeit lähmte und unsere Idee des Aufstehens im Zustand des Wunsches und nicht des Willens hielt. In dem Moment, in dem diese hemmenden Ideen aufhörten, entfaltete die ursprüngliche Idee ihre Wirkung. Dieser Fall scheint mir in Miniaturform die Daten für eine ganze Psychologie des Willens zu enthalten."

Prof. James gibt an anderer Stelle den folgenden zusätzlichen Hinweis auf den Prozess der Umsetzung der Entscheidung in die Tat: "Nennen wir die letzte Idee, die im Verstand der motorischen Entladung vorausgeht, 'das motorische Stichwort' * * * * Es kann kein Zweifel daran bestehen, dass das Stichwort ein Bild entweder der eigenen oder der entfernten Art sein kann."

Es wird sich dann zeigen, dass das " Motorische Stichwort", das die Feder der Aktion auslöst - der mentale Auslöser, der die Waffe des Willens abfeuert - leicht eine entfernte Idee sein kann, die dem Verstand vorgeschlagen wird, wie zum Beispiel der Anblick des schrägen Füllfederhalters und des Bestellbuchs. Der Mann will, aber er hat keine Lust, aus dem Bett aufzustehen, und sein Verstand wird bei der Frage untätig. Hätte ein Freund zu ihm gesagt: "Komm, alter Freund", oder hätte ihn ein Geräusch oder ein Anblick von außen plötzlich angezogen, wäre er sofort herausgesprungen. Wie wir schon gesagt haben, wird an anderer Stelle ein Stück zusammengedrehtes Papier in das Ohr eines Pferdes gelegt, das es dazu bringt, seine Hindernisse zu vergessen - es verändert seinen Gedankengang. Jeder neue Impuls wird einen Mann dazu bringen, seine Periode des "Ich will, aber ich will nicht" mentalen Zögerns zu überwinden. Wir haben Ihnen vielleicht die Psychologie der Sache hier vermittelt - Sie müssen sie in den Einzelheiten der Anwendung ausarbeiten, um Ihren eigenen Anforderungen gerecht zu werden. Lernen Sie, Ihrem Interessenten etwas zu zeigen, das ihn aus dem Bett hüpfen lässt. Lernen Sie, ihm das verdrehte Stück Papier ins Ohr zu stecken, um seine Unbequemlichkeit zu überwinden. Geben Sie ihm das "motorische Stichwort", indem Sie ihm ein mentales Bild "entweder der residenten oder der entfernten Art" geben. Wie der Junge, der am Bachrand zittert, braucht er nur einen "kleinen Schubs", um den Sprung zu wagen. Dann wird er zu anderen rufen: "Komm rein, das Wasser ist gut."

Und zum Schluss ..: Sie haben den unterschriebenen Auftrag, aber Sie müssen Ihre geistige Haltung beibehalten, bis Sie aus dem Blickfeld des Interessenten verschwinden. Schwärmen Sie nicht aus und werden Sie nicht rührselig, wie wir es bei Verkäufern gesehen haben. Halten Sie Ihr Gleichgewicht und danken Sie Ihrem Kunden höflich, aber nicht als Almosenempfänger. Behalten Sie seinen guten Eindruck und seinen Respekt für Sie bis zum Schluss bei. Verlassen Sie die Kunden mit diesem Gedanken, der aus Ihrem Geist strahlt: "Ich habe diesem Mann einen guten Dienst erwiesen." Der Neukunde wird diese subtilen Schwingungen auffangen, die in gewisser Weise nicht der Rede wert sind, und auch er wird fühlen, dass er gut getan hat. Vermeiden Sie die "Ich habe diesen Kerl geschnappt, schon gut!"-Einstellung, die sich so deutlich in der Art einiger Verkäufer zeigt, nachdem sie einen Auftrag verbucht haben. Der Neukunde wird auch diese Schwingungen auffangen und es nicht mögen - er wird es ihm natürlich übel nehmen. Kurzum, Sie täten gut daran, den einfachen, aber wissenschaftlichen Rat des erfahrenen Verkäufers zu befolgen, der sagte: "Behalten Sie Ihren Zuckerguss bis zum Schluss auf, lassen Sie ihn mit angenehmem Geschmack im Mund zurück." Machen Sie sowohl einen guten letzten als auch einen guten ersten Eindruck.

Aber - und denken Sie auch daran - gehen Sie weg, wenn Ihre Arbeit vorbei ist. Hängen Sie nach dem Verkauf nicht im Büro oder Laden des Kunden herum. Versetzen Sie sich nicht in eine Lage, in der Sie durch neu entdeckte Einwände Ihre Arbeit noch einmal von vorn beginnen müssen. Sie haben bekommen, wofür Sie gekommen sind - jetzt raus! Wie Macbain sagt: "Wenn das Geschäft abgeschlossen ist, sollte der Kunde in der kürzest möglichen Zeit, die nicht als abrupt bezeichnet werden kann, verlassen werden. Nachdem er einen Kunden zu einem Verkauf angeregt hat, sollte der Verkäufer darauf achten, ihn nicht zu verärgern. Das alte Sprichwort, 'Hör auf, die Ware zu preisen, wenn der Verkauf abgeschlossen ist', ist ebenso wahr wie abgedroschen." Collins sagt dazu sehr treffend: "Der Erklärertypus des Verkäufers kann tatsächlich Waren an einen Kunden verkaufen und ihn dann, indem er bleibt und redet, ohne es zu wissen, wieder loswerden. * * * * Eines Nachmittags vor nicht allzu langer Zeit verkaufte beispielsweise ein Verkäufer Stoffe im Wert von elftausend Dollar an einen prominenten Händler und gab dem Händler, indem er nach der Auftragserteilung für ein freundliches Gespräch blieb, Zeit, es sich zweimal zu überlegen und die Bestellung zu stornieren. Eine ausgezeichnete Regel ist die eines Verkäufers, der im Wettbewerb mit wohlhabenden Konkurrenten ein Geschäft bis zu einer Viertelmillion aufbaute, und zwar durch schiere Verkaufskompetenz. "Nimm den ersten Zug aus der Stadt, nachdem du ihn verkauft hast", war seine Regel. Wenn es mehrere Stunden keinen Zug gab, entschuldigte er sich in dem Moment, in dem ein Geschäft abgeschlossen war, und verschwand. So sicher, wie ich blieb, nachdem ich den Auftrag in der Tasche hatte", sagt er, "würde ein Teil des Auftrags vom Käufer storniert oder geändert oder ein Teil meiner Arbeit beim Verkauf rückgängig gemacht werden. Wäre es nichts weiter, würde der Käufer die Tatsache ausnutzen, dass ich ein gutes Gefühl hatte, diesen Auftrag zu bekommen, und etwas extra aus mir herausquetschen. Wenn du deinen Kunden an Land ziehst, verschwinde aus dem Blickfeld."

Und, unserem eigenen Rat folgend, lieber Leser, werden wir, nachdem wir unsere Meinung gesagt haben und "abgeschlossen" haben, nun unseren Abschied nehmen. Wir danken Ihnen für Ihre Aufmerksamkeit und meinen, dass wir "Ihnen einen guten Dienst erwiesen haben".

## NATURWISSENSCHAFT, PHYSIK UND ASTRONOMIE

– **Äquivalenz von Information und Energie.** Von: K.-D. Sedlacek
– **Das Gesetz im Zufall:** Wie sich verborgene Gesetzlichkeit manifestiert. Von: Moritz Cantor u. K.-D. Sedlacek (Hrsg.)
– **Die Transzendenz der Realität :** Spuren einer allumfassenden transzendenten Realität jenseits von Raum und Zeit. Von: K.-D. Sedlacek
– **Einsteins Relativitätstheorie ganz ohne Mathematik.** Spezielle und allgemeine Relativitätstheorie. Von: Prof. Dr. Paul Kirchberger u. K.-D. Sedlacek (Hrsg.)
– **Freizeitvergnügen Sternenhimmel mit bloßem Auge:** Wie man Sternbilder auffindet ohne Instrumente. Von: Prof. Dr. Paul Kirchberger u. K.-D. Sedlacek (Hrsg.)
– **Phänomen Naturgesetze:** Das Geheimnis hinter den Erscheinungen der Welt. Von: K.-D. Sedlacek
– **Supervereinigung:** Wie aus nichts alles entsteht. Von: K.-D. Sedlacek
– **Die Natur psycho-physikalischer Phänomene.** Erforschung telekinetischer Vorgänge. Von: Schrenck-Notzing, A. u. Klaus D Sedlacek (Hrsg.)
– **Giganten der Physik.** Die Top10-Physiker der Menschheitsgeschichte. Von: Klaus-Dieter Sedlacek (Hrsg.)
– **Der allmächtige Informatiker:** Das Mysterium des Universums. Von Sir James Jeans u. K.-D. Sedlacek (Hrsg.)
– **Der verborgene Mechanismus des Weltgeschehens:** Neue Erkenntnisse über die Gestalten biotechnischer Systeme der Welt. Von: Dr. h. c. Raoul Francé u. K.-D. Sedlacek
– **Der erdgeschichtliche Klimawandel:** Den wahren Ursachen von Klimaschwankungen auf der Spur. Von Wilhelm Bölsche u. K.-D. Sedlacek (Hrsg.)
– **Wege zur physikalischen Erkenntnis.** Meine wissenschaftlichen Selbstbiographie, Reden und Vorträge. Von **Max Planck** u. K.-D. Sedlacek (Hrsg.)

– **Leonardo da Vinci:** Seine naturwissenschaftlichen Studien und genialen Erfindungen. Von Hermann Grothe u. K.-D. Sedlacek (Hrsg.).
– **The philosophy of physical science.** By Sir Arthur Eddington.
– **The nature of the physical world.** By Sir Arthur Eddington.
– **Leben in der Warmzeit der Erde.** Aus den Urtagen vor dem heutigen Klimawandel. Von Wilhelm Bölsche und K.-D. Sedlacek (Hrsg.
– **Treibhauseffekt und Klimawandel:** Energiewende, ja bitte, aber nicht wegen CO2. Von Klaus-Dieter Sedlacek (Hrsg.)
– **Über die Gewissheit von Vorhersagen:** Wahrscheinlichkeiten bestimmen ohne Formelballast. Von Klaus-Dieter Sedlacek (Hrsg.)

## CHEMIE

– **Der Stein der Weisen:** Wie die Alchemie zur Chemie wurde. Von: Wilhelm Ostwald et. al. u. K.-D. Sedlacek (Hrsg.)
– **Durchblick Chemie:** Praktische Grundlagen und Einführung in die anorganische, organische und Biochemie. Von: Prof. Dr. Lassar-Cohn, Prof. Dr. W. Löb, K.-D. Sedlacek

## NATUR- UND PHILOSOPHIE

– **Die letzten Ursachen.** Das Buch der Naturerkenntnis. Von: K.-D. Sedlacek
– **Gebundener Wille:** Wie frei ist menschlicher Wille tatsächlich? Von: K.-D. Sedlacek, G.F. Lipps et. al.
– **Jenseits der Erscheinungen:** Erkennbarkeit und Realität der Quantennatur. Von: Prof. Dr. M. Schlick u. K.-D. Sedlacek (Hrsg.)
– **Kleines Wörterbuch der Natur-Philosophie:** 1200 Begriffe, die man kennen sollte, kurz und prägnant. Von: K.-D. Sedlacek
– **Naturphilosophie:** Das Wesen von Naturgesetzen und die Erklärung des Lebens. Von: Prof. Dr. M. Schlick u. K.-D. Sedlacek (Hrsg.)

– **Vereinbarkeit von Religion und Naturwissenschaft.** Von: Kurd Laßwitz u. K.-D. Sedlacek (Hrsg.)
– **Das Konzept des Guten.** Sinnliches Empfinden – Der Ursprung unserer Wertvorstellungen. Von: Klaus-Dieter Sedlacek (Hrsg.)
– **Ist echte Erkenntnis möglich?** Einführung in die Erkenntnistheorie. Von: Prof. Dr. Erich Becher u. K.-D. Sedlacek (Hrsg.)
– **Das individuelle Ich**: Was ist der Kern des SelbstBewusstseins? Von: Th. Lipps u. K.-D. Sedlacek (Hrsg.).
– **Persönlichkeit und Unsterblichkeit:** In welcher Form existiert ein Weiterleben nach dem zeitlichen Ende? Von: Wilhelm Ostwald u. K.-D. Sedlacek (Hrsg.)
– **Die idealistischen Grundwerte unserer Kultur.** Von Johannes M. Verweyen u. K.-D. Sedlacek (Hrsg.)
– **Was sind Wirklichkeiten?** Aufgedeckte Naturgeheimnisse. Von Kurd Laßwitz u. K.-D. Sedlacek (Hrsg.)

BEWUSSTSEIN

– **Leben nach dem Leben:** Befreiung des Bewusstseins von den Fesseln der Zeit. Von: K.-D. Sedlacek
– **QuantenBewusstsein.** Von: N. Wrobel u. K.-D. Sedlacek
– **Synthetisches Bewusstsein.** Von: K.-D. Sedlacek
– **Unsterbliches Bewusstsein:** Raumzeit-Phänomene, Beweise und Visionen. Von: K.-D. Sedlacek

LEBEN UND MEDIZIN

– **Leben aus Quantenstaub.** Von: N. Wrobel u. K.-D. Sedlacek,
– **Was ist Krankheit?** Von: N. Wrobel u. K.-D. Sedlacek
– **Bewusstsein und Unsterblichkeit.** Von: C. L. Schleich u. K.-D. Sedlacek (Hrsg.)
– **Die Lebenskraft:** Wie Enzyme, Bewusstsein und quantenbiologische Effekte das Leben regulieren. Von: K.-D. Sedlacek u. N. Wrobel,

– **Die verborgene Ordnung des Weltsystems.** Neue Erkenntnisse über die schöpferischen Kräfte der Natur. Von: Dr. h. c. Raoul Francé u. K.-D. Sedlacek (Hrsg.)
– **Homöopathie und Praxis:** Naturheilkundliche alternative Medizin für den mündigen Patienten. Von: Dr. med. J. Voorhoeve u. K.-D. Sedlacek (Hrsg.)
– **Eine andere Sicht auf die Entstehung der sporadischen Form der Alzheimerkrankheit.** Von Norbert Wrobel u. K.-D. Sedlacek (Hrsg.)
– **Bleib beweglich und fit ohne Geräte.** Leichte ärztliche Zimmergymnastik für jedes Alter. Von Moritz Schreber.
– **Plötzlich gesund.** Medizinische Wunderheilungen und die Macht organische Leiden psychisch zu beeinflussen. Von Erwin Liek.

PSYCHOLOGIE

– **Gestalt-Psychologie:** Einführung in die neue Psychologie vom Begründer der Gestaltpsychologie. Von: Prof. Dr. Kurt Koffka u. K.-D. Sedlacek (Hrsg.)
– **Die ersten Spuren psychischer Erscheinungen:** Das psychische Leben von Mikroorganismen – Eine Studie in experimenteller Psychologie. Von Alfred Binet u. K.-D. Sedlacek (Übers.)
– **Allgemeine moderne Psychologie:** Systematische Einführung in die Wissenschaft psychischer Prozesse. Von August Messer u. K.-D. Sedlacek (Hrsg.).
– **Strahlende Kräfte durch positives Denken:** Die Wurzeln des Erfolgs und Wege zum Glück. Von Emil Peters u. K.-D. Sedlacek (Hrsg.)
– **Neue praktische Menschenkenntnis.** Ein Ratgeber zur Menschenbehandlung mit zahlreichen Bildern und Beispielen. Von Johannes Maria Verweyen.
– **Massenpsychologie am Beispiel Jan Bockelsons.** Geschichte eines Massenwahns mit einer Einführung von Sigmund Freud. Von Friedrich Reck-Malleczewen u. K.-D. Sedlacek (Hrsg.)

## BIOLOGIE

**– Wie intelligent sind Pflanzen?** Sensationelle Einblicke in die geheime Seite des pflanzlichen Wesens. Von Prof. Dr. phil. Adolf Wagner u. K.-D. Sedlacek

**– Über Menschenaffen, Tierseele und Menschenseele:** Intelligenzprüfungen an Hominiden. Von Wilhelm Bölsche et. al. und K.-D. Sedlacek (Hrsg.)

## GESCHICHTE, VOR- U. FRÜHGESCHICHTE

**– Die geheimnisvolle Kultur der alten Kelten.** Von Druiden, Fürstensitzen und der Lebensart unserer frühgeschichtlichen Vorfahren. Von Georg Grupp u. K.-D. Sedlacek (Hrsg.)

**– Der Alchemist Leonhard Thurneysser:** Die Lebensgeschichte des Goldmachers von Berlin. Von Klaus-Dieter Sedlacek (Hrsg.)

**– Es begann mit Feuerskraft.** Das Werden des Menschen und seiner Kultur. Von Carl W. Neumann u. K.-D. Sedlacek (Hrsg.)

**– Gefangen zwischen Eisschollen:** Die dramatische Entdeckungsgeschichte der Antarktis. Von Klaus-Dieter Sedlacek (Hrsg.)

**– Die Kultur der Azteken:** Mit einem Anhang Große Landesausstellung Baden-Württemberg „Azteken" im Lindenmuseum. Von William Prescott.

## RATGEBER

**– Kultur erleben mit den Wohnmobil in Frankreich:** Vierzig kulturelle Highlights, Park- und Übernachtungspätze sowie Navigationskoordinaten. Von Klaus-Dieter Sedlacek

**– Kochbuch für ganze Kerle:** Kräftige und Feinschmeckergerichte für Freizeit und Camping. Von K.-D. Sedlacek (Hrsg.)

**– Der Weg zu Wohlstand und Reichtum:** Goldene Regeln für den Aufbau einer selbständigen Existenz. Von P.T. Barnum u. K.-D. Sedlacek (Hrsg.)

**– Wie man seinen Verstand benutzt:** Ein praktisches Handbuch der Psychologie. Von William Walker Atkinson u. K.D. Sedlacek (Übersetzer)

**– Einfach logisch denken:** Oder die Gesetze des Denkens. Von William Walker Atkinson u. K.D. Sedlacek (Übersetzer)

**– Besseres Gedächtnis:** Wie man es stärkt, trainiert und einsetzt. Von William Walker Atkinson u. K.D. Sedlacek (Übersetzer)

## FORSCHUNGSREISEN U. ABENTEUER

**– Meine erste Weltumseglung:** Tagebuch einer epochalen Expedition. Von James Cook u. K.-D. Sedlacek (Hrsg.)

**– Exotische Reise durch Persien:** Abenteuerlicher Bericht aus einer fremdartigen Welt des 19ten Jahrhunderts. Von Pierre Loti u. K.-D. Sedlacek (Hrsg.)

**– Mit der Beagle um die Welt:** Bericht meiner Forschungsreise zum Galapagos-Archipel. Von Charles Darwin u. K.-D. Sedlacek (Hrsg.)

**– Peking-Paris im Automobil:** Die legendäre 16.000 km – Rallye 1907. Von Luigi Barzini u. K.-D. Sedlacek (Hrsg.)

## EBOOK-REIHE "WISSEN UND WIRKEN"

*Nr.; Titel; Untertitel; Autor*

**1: Herrscher über die Natur** ; Anfänge der Naturbeherrschung - Frühformen der Mechanik - und der Erfindungsgeist der Naturvölker ;Von Weule, Karl

**2: Was man über Chemie wissen sollte** ; Chemie im täglichen Leben ;Von Cohn, Lassar

**3: Gesundheitsschädlicher Bio-Feinstaub** ; Die Biologie des atmosphärischen Staubes (Aeroplankton) ;Von Molisch, Hans

**4: Transzendenz und Unendlichkeit;** Die Welt- und Lebensanschauungen eines Physikers ;Von Weinstein, Max Bernhard

**5: Der Traum vom Perpetuum mobile** ; Über die Wechselwirkungen der Naturkräfte ;Von Helmholtz, Hermann von

**6: Babel und Bibel;** Vortrag über die babylonischen Wurzeln der Bibel ;Von Delitzsch, Friedrich

**7: Der Mann, der "Ich denke, also bin ich" sagte** ;Eine kurze René Descartes Biografie ;Von Sedlacek, Klaus-Dieter (Hrsg.)

**8: Astronomische Miniaturen** ; Einführung in die Fixsternastronomie ;Von Strömgren, Elis

**9: Wie Zufälligkeiten das Leben bestimmen** ; Über den Zufall und den alles durchdringenden Geist ;Von Lasson, Adolf

**10: Optische Täuschungen** ; und Illusionen, sowie ihre Ursachen ; Von Reuss, August von

**11: Der Arzt Robert Mayer ;** und seine Entdeckung der Energieerhaltung in thermodynamischen Systemen ; Von Lippmann, Edmund Oskar von

**12: Relativitätstheorie und Philoso-**phie ; Über die natur-logische Deutung empirischer Ergebnisse ;Von Driesch, Hans

**13: Zur Psychologie der prähistorischen Kunst** ; Der tiefgreifende Umschwung im menschlichen Geistesleben ;Von Verworn, Max

**14: Sympathie und Antipathie ;** Wie der Geruchssinn unsere Gefühle steuert ;Von Jaeger, Gustav

**15: Der Ursprung des Lebens ;** Hypothesen und neue Erkenntnisse ;Von Preyer, William

**16: Tierleben der Tiefsee ;** Aus dunklen Tiefen ans Licht geholt ;Von Seeliger, Oswald

**17: Die Psychoanalyse des Organischen ;** Sechs Vorträge und Aufsätze vom Wegbereiter der Psychosomatik ;Von Groddeck, Georg

**18: Giordano Bruno ;** Seine Lebensgeschichte ;Von Riehl, Alois

**19: Highlights Keltischer Kunst ;** Ornamentale Ideoplastik ;Von Verworn, Max

**20: Klimaänderungen und Klimaschwankungen ;** Ursachen, historische Fakten und kosmische Einflüsse, sowie ein Anhang "Mittelalterliche Warmzeit" ;Von Brückner, Eduard; Hann, Julius

**21: Liebesbeziehungen und deren Störungen ;** Lebensführung nach den Grundsätzen der Individualpsychologie ;Von Adler, Alfred

**22: Ägypten zur Zeit der Pyramidenbauer ;** Mit 16 Abbildungen im Text und 17 Bildtafeln ;Von Meyer, Eduard

**23: Theophrastus Paracelsus ;** Der Wegbereiter neuzeitlicher Medizin ;Von Kahlbaum, Georg W. A.

**24: Endziel Weltfrieden ;** Die Organisation der Welt ;Von Schücking, Walther

**25: Kann das Geld abgeschafft**

**werden;** Volkswirtschaftliche Zusammenhänge und Tatsachen ; Von Cohn, Dr. Arthur Wolfgang

**26: Der Konflikt der modernen Kultur;** Vortrag 1921; Vom Kulturphilosophen Georg Simmel

**27: Mrs. Hills Spezialrezepte für selbstgemachte Pralinen und anderes Konfekt;** 46 Home Made Candys aus Uromas Küche; Von Mrs. Janet McKenzie Hill

**Buchshop:**